I0701176

# Wie Sie Menschen dazu bringen, Sie zu mögen

*Psychologische Tricks, Gewohnheiten und Scherze zur sofortigen Steigerung Ihrer Ausstrahlung und Ihrer Fähigkeit, Menschen zu beeinflussen*

© Copyright 2024

Alle Rechte vorbehalten. Kein Teil dieses Buches darf in irgendeiner Form ohne schriftliche Genehmigung des Autors reproduziert werden. Rezensenten dürfen in Besprechungen kurze Textpassagen zitieren.

Haftungsausschluss: Kein Teil dieser Publikation darf ohne die schriftliche Erlaubnis des Verlags reproduziert oder in irgendeiner Form übertragen werden, sei es auf mechanischem oder elektronischem Wege, einschließlich Fotokopie oder Tonaufnahme oder in einem Informationsspeicher oder Datenspeicher oder durch E-Mail.

Obwohl alle Anstrengungen unternommen wurden, die in diesem Werk enthaltenen Informationen zu verifizieren, übernehmen weder der Autor noch der Verlag Verantwortung für etwaige Fehler, Auslassungen oder gegenteilige Auslegungen des Themas.

Dieses Buch dient der Unterhaltung. Die geäußerte Meinung ist ausschließlich die des Autors und sollte nicht als Ausdruck von fachlicher Anweisung oder Anordnung verstanden werden. Der Leser / die Leserin ist selbst für seine / ihre Handlungen verantwortlich.

Die Einhaltung aller anwendbaren Gesetze und Regelungen, einschließlich internationaler, Bundes-, Staats- und lokaler Rechtsprechung, die Geschäftspraktiken, Werbung und alle übrigen Aspekte des Geschäftsbetriebs in den USA, Kanada, dem Vereinigten Königreich regeln oder jeglicher anderer Jurisdiktion obliegt ausschließlich dem Käufer oder Leser.

Weder der Autor noch der Verlag übernimmt Verantwortung oder Haftung oder sonst etwas im Namen des Käufers oder Lesers dieser Materialien. Jegliche Kränkung einer Einzelperson oder Organisation ist unbeabsichtigt.

# Inhaltsverzeichnis

# Einführung

Fühlen Sie sich einsam? Möchten Sie lernen, wie Sie andere dazu bringen können, Sie zu mögen?

Fällt es Ihnen als introvertierter Mensch schwer, neue Freunde zu finden oder haben Sie den Eindruck, dass niemand Sie mag?

Möchten Sie von anderen gemocht, geschätzt und anerkannt werden?

Wie sehr möchten Sie Ihr Selbstvertrauen, Ihre Ausstrahlung und Ihre allgemeine Sympathie verbessern?

Reizt Sie der Gedanke an ein besseres, bequemeres und erfüllteres Leben?

Wenn auch nur eine dieser Fragen auf Sie zutrifft, sind Sie nicht allein. In dieser schnelllebigen und digital vernetzten Welt sind wir mehr denn je auf uns selbst gestellt. Die Gründe dafür sind vielfältig - die Menschen sind zu beschäftigt, oder Sie haben sich von den sorgfältig kuratierten Beiträgen in den sozialen Medien anstecken lassen, die fast jeder konsumiert und von denen wir wissen, dass sie kein wirkliches Abbild des normalen Lebens sind.

Dieses Buch zeigt Ihnen, wie Sie damit umgehen können, damit Sie nicht länger unter FOMO leiden müssen.

Die Fähigkeit, schnell und einfach neue Leute kennenzulernen, kann weitreichende Folgen für Ihr Privat- und Berufsleben haben. Ganz gleich, ob es Ihr Ziel ist, beruflich voranzukommen oder einfach nur interessante Menschen an einem neuen Ort kennenzulernen - es lohnt sich, diese Fähigkeit zu verbessern.

Jeder hat schon einmal jemanden getroffen, den er sofort mochte. Obwohl die Person sich nicht bemüht hat, ist sie wie ein Verkaufsschlager, der bei allen gut ankommt. Man spürt sofort, dass man dieser Person vertrauen kann.

Es könnte der Geschäftsführer des Unternehmens sein, für das Sie gearbeitet haben, dessen anziehende Persönlichkeit der Schlüssel zu seinem anhaltenden Erfolg ist. Oder vielleicht kennen Sie jemanden, der eine Party allein besucht und sie mit ein paar neuen Freunden verlässt, ohne sich groß anzustrengen. Wie diese Menschen so populär sind, ist ein echtes Rätsel. Glauben Sie, dass Sie lernen können, andere dazu zu bringen, Sie zu mögen?

Nicht jeder wird mit der Fähigkeit geboren, neue Freunde zu finden. Trotzdem können wir alle unsere Sympathie verbessern. Mit ein wenig Anleitung können Sie anfangen, Routinen zu entwickeln, die Ihre sozialen Interaktionen mit anderen verbessern.

Die Grundlagen dafür, dass andere Sie mögen, liegen auf der Hand: Seien Sie freundlich, höflich und ein guter Mensch. Es gibt aber auch weniger offensichtliche und verborgene Dinge, die Sie tun können, um die Art und Weise, wie andere Sie sehen, zu beeinflussen.

Die Lösung liegt in Ihren Händen. Mit diesem Buch begeben Sie sich auf eine einzigartige Reise zur Selbstverbesserung und lernen, wie Sie ein liebenswerterer und attraktiverer Mensch werden. Sie werden kein vergleichbares Buch finden, das sich durch seine praktischen Ratschläge von der Konkurrenz abhebt.

Auch wenn der Prozess Erfahrung und Selbstvertrauen erfordert, werden diejenigen, die über bewährte Strategien und detaillierte Anleitungen verfügen, leicht damit zurechtkommen.

# Kapitel 1: Soziale Kontakte: Warum sind sie so wichtig?

Entschuldigung liebe Introvertierte, aber soziale Kontakte sind gut für Ihre psychische Gesundheit und Ihr Wohlbefinden. Laut Mental Health UK haben jüngste Studien ergeben, dass sich soziale Kontakte erheblich auf die psychische Gesundheit eines Menschen auswirken können. Das Leben in einer Gemeinschaft und die Nähe zu Familie und Freunden kann Sie glücklicher machen und Ihre körperliche Gesundheit verbessern. Gesunde Beziehungen können das Leben verlängern, denn sie schützen vor psychischen Problemen und anderen Risiken, die die Lebenserwartung verringern können. Manche Menschen machen den Fehler zu glauben, dass es bei sozialen Beziehungen nur auf die Quantität und nicht auf die Qualität ankommt - die Art der Beziehungen, die Sie in Ihrem Leben haben, ist wichtiger als deren Anzahl. Wenn man sich mit den falschen Menschen umgibt, kann das negative Auswirkungen auf das psychische Wohlbefinden haben. Negative soziale Beziehungen erhöhen die Angst und das Risiko einer Depression.

Soziale Kontakte zu knüpfen ist wichtig, denn dadurch können Sie sich weiterentwickeln.
https://www.pexels.com/photo/group-of-friends-singing-while-sitting-on-beach-sand-7149165/

Die meisten Menschen achten auf ihre Ernährung, ihren Lebensstil und ihre Schlafgewohnheiten und vergessen dabei, dass auch Beziehungen für das eigene Wohlbefinden wichtig sind. Konzentrieren Sie sich daher beim Aufbau von Beziehungen auf Menschen, die Ihnen ein gutes Gefühl geben, nachdem Sie Zeit mit ihnen verbracht haben, und nicht auf diejenigen, die Sie erschöpft und gestresst zurücklassen. Der Aufbau solider und unkomplizierter Beziehungen spielt eine große Rolle bei der Regulierung Ihrer geistigen Gesundheit. Positive Beziehungen machen Sie zu einem besseren Menschen, stärken Ihr Selbstvertrauen, verbessern Ihre Lebensqualität und machen Sie vertrauensvoller und einfühlsamer. Menschen, die sich in einem Genesungsprozess befinden, brauchen auch die Nähe ihrer Liebsten, denn das kann ihren Heilungsprozess beschleunigen. Starke Beziehungen können auch das Immunsystem stärken und das Risiko einer Demenzerkrankung senken.

Der Mensch ist nicht dafür geschaffen, allein zu leben. Seit Anbeginn der Menschheit verstanden die Menschen, dass das Leben in Gruppen überlebenswichtig ist, und so haben sich ganze Stämme entwickelt. Tausende von Jahren später hat die Wissenschaft bestätigt, was die Menschen in der Vorzeit schon immer wussten - soziale Verbindungen sind notwendig. Während der COVID-19-Pandemie, als die Menschen isoliert waren und zu Hause bleiben mussten, litten viele unter psychischen Problemen. Selbst Introvertierte kämpfen mit der Isolation und vermissen eine echte menschliche Verbindung.

Stellen Sie sich vor, Sie haben einen schlechten Tag auf der Arbeit. Sie sind überarbeitet, Ihr Chef scheint Sie nie zu schätzen und Sie fühlen sich gestresst. Sie schicken eine Textnachricht an Ihre Arbeitsgruppe und schreiben: „Ich hatte heute den schlimmsten Tag auf der Arbeit. Ich halte es nicht mehr aus." Sekunden später erhalten Sie eine Nachricht von drei Ihrer Arbeitskollegen, in der sie Ihnen mitteilen, dass sie mit Ihnen mitfühlen und vorschlagen, dass Sie alle nach der Arbeit ausgehen, um gemeinsam Dampf abzulassen. Sie gehen in ein nettes Restaurant, essen köstlich und verbringen den ganzen Abend damit, zu reden, zu lachen und Spaß zu haben. Sie gehen nach Hause und haben das Gefühl, dass Ihnen eine Last von den Schultern genommen wurde. Ihr Job ist zwar immer noch schrecklich, aber Sie sind nicht mehr so gestresst oder wütend wie zuvor, weil Sie eine starke Solidargemeinschaft bei der Arbeit haben.

Soziale Kontakte machen Ihr Leben besser. In diesem Kapitel erfahren Sie, welchen Wert sie haben und wie sie Ihr Leben bereichern können.

### Was sind soziale Beziehungen?

Soziale Beziehungen sind die Beziehungen, die Sie zu den Menschen in Ihrem Leben pflegen, seien es Familienmitglieder, Freunde, Mitarbeiter, Nachbarn usw. Sie müssen nicht mit allen Ihren sozialen Beziehungen eng befreundet sein. Einige Beziehungen können zwanglos sein. Auch die Größe Ihres sozialen Kreises ist unerheblich. Die meisten Menschen gehen davon aus, dass Sie eine riesige Anzahl von sozialen Verbindungen haben sollten, mit Hunderten von Freunden auf Facebook und Tausenden von Followern auf Instagram und LinkedIn. Sie können Hunderte von Freunden in Ihrer Kontaktliste haben und keiner von ihnen wird für Sie da sein, wenn Sie Hilfe brauchen. Es reicht, wenn Sie ein paar enge Freunde haben, die Sie unterstützen, lieben und respektieren. Es spielt keine Rolle, wie viele Menschen Sie um sich haben. Was zählt, ist, wie Sie sich mit ihnen fühlen.

Soziale Verbundenheit in einer Gemeinschaft bedeutet, an einem Ort zu leben, an dem Sie sich nicht wie ein Fremder fühlen. Sie gehören dort hin. Sie kennen Ihre Nachbarn und die Menschen in Ihrer Gemeinde. Sie haben eine stabile Sozialgruppe und sind von Menschen umgeben, mit denen Sie starke und gesunde Beziehungen aufbauen können.

Der Mensch ist von Natur aus ein soziales Wesen. Von dem Moment an, in dem Sie geboren werden, knüpfen Sie sofort eine Verbindung zu Ihren Eltern und Geschwistern, und während Sie älter werden, bauen Sie immer neue Verbindungen auf. Die erste Bindung, die Sie zu Ihren Eltern aufbauen, wirkt sich auf Ihre übrigen Beziehungen aus. Wenn Sie liebevolle und fürsorgliche Eltern haben, wird sich das auf die Wahl der Menschen auswirken, mit denen Sie sich umgeben, denn Sie werden eher zu gesunden Beziehungen neigen. Nach den Forschungen von Matthew Lieberman (Autor, Sozialpsychologe an der UCLA und Gründungsherausgeber der Zeitschrift Social Cognitive and Affective Neuroscience) sehnt sich der Mensch nach Interaktion; wir sind dazu bestimmt, Beziehungen zu anderen aufzubauen.

### Elemente von sozialen Verbindungen

Um soziale Bindungen zu verstehen, müssen Sie die einzelnen Elemente verstehen.

### Zugehörigkeit

Jeder möchte das Gefühl haben, dazuzugehören. Das Konzept der sozialen Bindung wird seit jeher mit dem Zugehörigkeitsgefühl, der Zugehörigkeit zu einer Gruppe und dem Zusammensein mit Menschen, die Ihnen ähnlich sind, in Verbindung gebracht. Die Entwicklung sozialer Beziehungen entspringt einem tiefen psychologischen Bedürfnis, sich mit anderen zu verbinden, was zu Ihrer Lebensqualität beiträgt.

Wenn Sie sich mit anderen verbinden und das Gefühl haben, dass man sich um Sie kümmert, Sie respektiert und wertschätzt, haben Sie das Gefühl, dazuzugehören. Jeder möchte das Gefühl haben, irgendwo dazuzugehören. Auch dies hat mit unserer Evolution zu tun und damit, dass unsere Vorfahren Stämme gründeten, um sich als Teil einer Gemeinschaft zu fühlen. Sie schließen Freundschaften, gehen in die Kirche, verbringen Zeit mit Familienmitgliedern und versuchen, Ihre Mitarbeiter dazu zu bringen, Sie zu mögen, damit Sie sich als Teil einer Gemeinschaft fühlen können. Ein Gefühl der Zugehörigkeit kann Sie vor Einsamkeit und Isolation schützen und macht Sie widerstandsfähiger.

Es gibt einen Unterschied zwischen dem Gefühl, allein zu sein, und der Einsamkeit. Keines davon hängt mit der Anzahl der Menschen in Ihrem Leben zusammen. Sie können Hunderte von Beziehungen haben oder mit einem Dutzend Menschen zusammen sein und sich trotzdem einsam fühlen, wenn Sie keine dieser Beziehungen als erfüllend empfinden. Allein sind Sie hingegen, wenn Sie keine Menschen um sich haben. Sie fühlen sich jedoch nicht einsam, wenn die Beziehungen in Ihrem Leben erfüllend sind, selbst wenn Sie nur zwei Freunde haben.

### Unterstützung

Unterstützung ist ein wesentliches Element in sozialen Beziehungen. Menschen bauen Beziehungen auf, um sich von ihren Lieben unterstützt zu fühlen. Soziale Unterstützung bedeutet, dass eine Person oder eine Gruppe Ihnen hilft, ein Problem zu lösen oder ein Ziel zu erreichen. Es gibt verschiedene Arten von sozialer Unterstützung. Die erste ist die emotionale Unterstützung, die in intimen Beziehungen zu finden ist, die Sie aber auch bei anderen Arten von Beziehungen erfahren können. Sie beinhaltet Liebe, Verständnis und Sympathie.

Informationelle Unterstützung bedeutet, dass Sie jemanden mit hilfreichen Informationen unterstützen, z.B. indem Sie einen Freund über ein Stellenangebot informieren oder ihm wertvolle Ratschläge für eine Beziehung oder einen medizinischen Rat geben. Instrumentelle Unterstützung ist die letzte Art der Unterstützung, die eher praktisch ist, wie z.B. einem Freund Geld zu leihen.

### Geselligkeit

Geselliges Beisammensein bedeutet, mit anderen Menschen etwas zu unternehmen, z.B. einen Film zu sehen, essen zu gehen oder ein Konzert zu besuchen. Diese Aktivitäten ermöglichen es Ihnen, Zeit mit Ihren Lieben oder mit Kollegen zu verbringen, so dass Sie eine Verbindung aufbauen können. Viele Aktivitäten machen mehr Spaß, wenn Sie sie mit anderen Menschen unternehmen.

### Arten von sozialen Kontakten

Sie wählen nicht einfach wahllos Menschen aus, die zu Ihrem sozialen Umfeld gehören. Soziale Beziehungen basieren auf bestimmten Kriterien; es gibt also verschiedene Arten. Wenn Sie Ihren Bekanntenkreis erweitern und neue Kontakte knüpfen möchten, ist es wichtig, diese Arten zu verstehen.

### Intime Bindungen

Intime Beziehungen sind nicht dasselbe wie sexuelle Beziehungen. Laut der Psychologin Megan Fleming geht es bei intimen Beziehungen um tiefe, intensive Nähe zu einer Person. Diese entsteht nicht sofort - sie entwickelt sich mit der Zeit. Wenn Sie sie erreicht haben, wird diese Person zu Ihrer Komfortzone. Und diese Art von Verbindung entsteht nicht nur zwischen romantischen Partnern, sondern auch mit Familienmitgliedern, Freunden, Arbeitskollegen usw. Intimität kann entstehen, wenn Sie eine emotionale, intellektuelle, spirituelle und - im Falle von romantischen Partnern - körperliche Verbindung eingehen.

### Partnerschaftliche Beziehungen

Partnerschaftliche Beziehungen entstehen, wenn Sie sich auf andere einlassen und gesunde Beziehungen zu Menschen aufbauen, mit denen Sie gerne zusammen sind. Ganz gleich, ob es sich um Freunde, Kollegen oder Familienmitglieder handelt, diese Menschen haben ein gemeinsames Interesse oder eine gemeinsame Aktivität, so dass es einfach ist, sich mit ihnen zu beschäftigen. Wenn Sie zum Beispiel eine Beziehung zu Ihren Kollegen aufbauen, können Sie gut im Team zusammenarbeiten und kreative Lösungen für Ihre Probleme finden.

### Kollektive Verbindung

Bei einer kollektiven Verbindung handelt es sich in der Regel um eine Gruppe von Menschen, die eine direkte oder indirekte Verbindung haben. Sie kann sich auf Menschen mit ähnlichem Hintergrund oder ähnlicher Kultur beziehen. Amerikaner, die im Ausland arbeiten, schließen sich beispielsweise in der Regel mit anderen Amerikanern zusammen, da ihre Heimat sie miteinander verbindet.

### Die Relevanz guter sozialer Beziehungen

Soziale Beziehungen sind für unser Überleben notwendig. Wir Menschen werden mit dem Bedürfnis geboren, Kontakte zu knüpfen; es liegt in unserer DNA. Wenn Babys geboren werden, schreien sie nach ihren Müttern. Auch wenn sie nicht verstehen, wie die Welt funktioniert, werden sie von dem Drang getrieben, sich mit ihrer Bezugsperson zu verbinden. Das Gleiche gilt für alte Gesellschaften, die zwar nicht über die wissenschaftlichen Erkenntnisse verfügten, die wir heute haben, die aber die Notwendigkeit verstanden, in Gruppen zu leben. Ihre Stammesinstinkte setzten ein, als sie feststellten, dass das Leben in einem Stamm ihnen Unterstützung, Schutz und eine Identität bot. Historische Filme und Fernsehsendungen haben uns gezeigt, wie Familien zusammen in einem Haus lebten und füreinander sorgten. Es spielte keine Rolle, ob das Haus groß oder klein war; nichts konnte die Familienmitglieder voneinander trennen.

Kontaktfreudig zu sein gibt Ihnen Selbstvertrauen.
*https://www.pexels.com/photo/group-of-friends-sitting-near-lifeguard-post-7148441/*

Die Dinge haben sich in der modernen Welt geändert. Nicht nur, dass die Menschen ausziehen, wenn sie ein bestimmtes Alter erreichen, manche Familienmitglieder sehen sich auch über Jahre hinweg nicht. Die meisten Menschen haben einen vollen Terminkalender, der ihnen keine Zeit lässt, sich mit ihren Lieben zu treffen. Sogar im Zeitalter der sozialen Netzwerke, die uns angeblich das Gefühl geben sollen, mehr miteinander verbunden zu sein, haben wir uns nie weiter voneinander entfernt gefühlt. Ihre Freunde und Familienangehörigen erstellen WhatsApp-Chatgruppen, damit jeder mit jedem in Kontakt treten kann. Aber wie können Sie sich mit jemandem hinter einem Bildschirm verbinden? Wissenschaftler haben herausgefunden, dass sich viele Menschen heute mehr denn je einsam und isoliert fühlen.

Isolation und Einsamkeit veranlassen die Menschen nicht dazu, hinauszugehen und sinnvolle Verbindungen zu finden. Im Gegenteil, sie führen dazu, dass man sich festgefahren fühlt, da man sich an diese Gefühle gewöhnt und Schwierigkeiten hat, Bindungen zu anderen aufzubauen. Negative Emotionen ziehen weitere negative Emotionen an, die sich auf Ihr geistiges und körperliches Wohlbefinden auswirken und andere Bereiche Ihres Lebens, wie z.B. Ihre Arbeitsleistung, beeinträchtigen.

Erinnern Sie sich daran, wie Sie sich als Kind gefühlt haben, wenn andere Kinder nicht mit Ihnen spielen wollten? Wissenschaftler haben herausgefunden, dass negative soziale Interaktionen und Zurückweisungen die gleichen Auswirkungen auf das Gehirn haben wie körperliche Schmerzen. Sie brauchen nicht nur soziale Kontakte, sondern auch positive und gesunde Beziehungen.

Gesunde Beziehungen können die Art und Weise verändern, wie Sie die Welt um sich herum wahrnehmen. Stellen Sie sich zwei Menschen in einem Krankenhaus vor. Der eine hat seine Familie und Freunde an seiner Seite, die ihn unterstützen, während der andere einen Raum voller Blumen, aber keinen einzigen Menschen um sich hat. Was denken Sie, wie jeder von ihnen über sich selbst und die Welt denkt? Das Alleinsein in einer kritischen Zeit wie dieser kann sich auf die Heilung eines Menschen auswirken, da er wahrscheinlich länger braucht, um sich zu erholen, als jemand, der von seinen Lieben umgeben ist. Laut dem Autor Shawn Achor (Harvard) empfinden Sie einen Berg, den Sie allein erklimmen, als 30 % steiler, als wenn Sie ihn mit einem Freund erklimmen. Mit anderen Worten: Menschen haben das Gefühl, dass sie Herausforderungen und schwierige Zeiten überstehen können, wenn sie einen Freund oder eine Solidargemeinschaft an ihrer Seite haben.

Ein Mangel an sozialen Kontakten in Ihrem Leben kann Ihre körperliche Gesundheit ernsthaft beeinträchtigen. Er kann den Blutzuckerspiegel auf gefährliche Werte ansteigen lassen, Entzündungen verursachen, den Blutdruck erhöhen, das Immunsystem beeinträchtigen und das Risiko von Krebs und Herz-Kreislauf-Erkrankungen erhöhen. In einigen schweren Fällen kann es sogar zu Selbstmordgedanken führen.

### Andere Vorteile guter sozialer Beziehungen

### Erhöhen Sie Ihre Lebenserwartung

Laut einer Studie der University of North Carolina aus dem Jahr 2016 können Einsamkeit und Isolation Ihre Lebensspanne verkürzen und zu einem frühen Tod führen. Ein Mangel an sozialen Kontakten ist für Ihre Gesundheit gefährlicher als Rauchen und Fettleibigkeit. Selbst wenn Sie Ihre Freunde nicht oft sehen oder nicht jeden Tag mit ihnen sprechen, reicht das Wissen, dass sie da sind und Sie unterstützen, um sich besser und gesünder zu fühlen, was Ihre Lebenserwartung erhöhen kann. Langlebigkeit ist in diesem Sinne nicht an ein bestimmtes Alter oder Geschlecht gebunden. Jeder kann von guten sozialen Kontakten in seinem Leben profitieren.

### Verbessern Sie Ihr Leben

Ein Mangel an sozialen Kontakten kann auch Ihre emotionale Gesundheit beeinträchtigen. Laut einer Studie der American Chemical Society aus dem Jahr 2018 kann Isolation das Risiko von Fettleibigkeit,

Schlaganfall und Rauchen erhöhen. Positive soziale Kontakte verbessern Ihre Lebensqualität und machen Sie glücklicher.

### Steigern Sie Ihre Widerstandsfähigkeit

Wenn Sie von unterstützenden Menschen umgeben sind, insbesondere nach einem traumatischen Erlebnis, kann dies Ihre Widerstandsfähigkeit erhöhen und Ihnen helfen, schneller wieder auf die Beine zu kommen. Wenn Sie eine schwierige Zeit durchmachen, sind Sie gestresst und werden von negativen Gedanken und Emotionen beherrscht. Ein Perspektivwechsel oder die Sichtweise, dass das Glas halb voll ist, fällt schwer, wenn Sie sich nur auf das Negative konzentrieren. Ein guter Freund kann Sie aufmuntern, Ihre Stimmung heben und Ihren Blickwinkel verändern. Herausforderungen erscheinen nicht mehr so groß, wenn Sie wissen, dass Sie sie nicht allein bewältigen müssen. Ihr sozialer Kreis gibt Ihrem Leben einen Sinn, was auch Ihre Widerstandsfähigkeit erhöht.

### Steigern Sie Ihr Selbstvertrauen

Jeder hat negative Gedanken und einen inneren Kritiker, der manchmal das Selbstvertrauen zerstören kann. Gute Freunde und unterstützende Familienmitglieder können dafür sorgen, dass Sie sich selbst besser fühlen, Ihren inneren Kritiker zum Schweigen bringen und Ihr Selbstvertrauen stärken. Das Gefühl, geliebt und geschätzt zu werden, ist wichtig für Ihr Wohlbefinden und kann Ihr Selbstwertgefühl steigern. Sie haben das Gefühl, wertvoll zu sein, wenn sich jemand um Sie kümmert und Ihnen das Gefühl gibt, dass Sie geliebt und gebraucht werden. Außerdem wird das Gefühl der Zugehörigkeit gestärkt, das Sie aufblühen lässt und andere Bereiche Ihres Lebens verbessern kann. Ihre Bezugsgruppe gibt Ihnen das Gefühl von Sicherheit und Unterstützung. Die Gewissheit, dass jemand immer hinter Ihnen steht und für Sie da ist, wenn Sie ihn brauchen, kann Ihnen das Selbstvertrauen und die Kraft geben, alle Herausforderungen zu meistern.

### Soziale Kontakte und psychische Gesundheit

Die COVID-19-Pandemie hat bewiesen, dass unsere psychische Gesundheit ohne menschliche Beziehungen leidet. Einsamkeit kann das Risiko für verschiedene Probleme wie Depressionen und Angstzustände erhöhen. Soziale Kontakte geben Ihnen das Gefühl, dazuzugehören. Wenn Sie zum Beispiel ein lukratives Jobangebot im Ausland erhalten, werden Sie die Gelegenheit nicht sofort ergreifen, weil der Gedanke, Ihre Lieben zurückzulassen, so schwierig ist. Ihr Zuhause ist kein Ort, sondern Sie fühlen sich dort zuhause, wo Ihre Freunde und Ihre Familie sind. Wenn man an einen neuen Ort zieht, knüpft man zunächst Kontakte zu den Menschen in seiner Umgebung, um sich weniger allein und isoliert zu fühlen. Menschliche Kontakte machen die Dinge einfacher. Egal, ob Sie eine Trennung durchmachen oder einen nahestehenden Menschen verlieren, das Wissen, dass Sie jemanden haben, auf den Sie sich verlassen und mit dem Sie eine Verbindung haben, kann Ihnen eine große Last von den Schultern nehmen.

### Gefühle der Erfüllung

Stellen Sie sich vor, Sie erhalten einen Anruf von Ihrem besten Freund aus der Schulzeit, den Sie seit Jahren nicht mehr gesehen oder von ihm gehört haben. Sie treffen sich mit ihm und umarmen ihn und weinen Tränen der Freude, weil Sie endlich wieder mit einem alten Freund zusammen sind. In einem anderen Szenario kommen Ihre Freunde mit Essen und Getränken vorbei und jeder von Ihnen verbringt seine Zeit damit, sich über die Arbeit oder Beziehungen auszulassen. Im letzten Szenario gehen Sie mit Ihren Arbeitskollegen zum Abendessen aus, wo Sie Spaß haben, Witze machen und lachen. In den drei Szenarien haben Sie unterschiedliche Emotionen zum Ausdruck gebracht, was dazu führt, dass das Gehirn den Glücksstoff Dopamin ausschüttet, so dass Sie sich bei jedem Ereignis leichter und erfüllt fühlen. Ob Sie nun weinen oder lachen, das Freisetzen von Emotionen kann Ihre Stimmung verbessern. Die Pflege gesunder Beziehungen bei der Arbeit kann auch dazu führen, dass Sie sich in Ihrem Job erfüllter fühlen, was Ihre Leistung und Produktivität steigert.

### Verringern von Selbstmordgedanken

Es ist keine Übertreibung zu sagen, dass menschliche Beziehungen Ihr Leben retten können. Wie bereits erwähnt, sind sie für Ihr Überleben unerlässlich. Einsamkeit kann zu Depressionen führen, von denen bekannt ist, dass sie Selbstmordgedanken verstärken. Gesunde Beziehungen können dafür sorgen, dass Sie unterstützt und gehört werden und weniger allein sind, was Selbstmordgedanken vorbeugen kann. Außerdem haben Sie so jemanden, mit dem Sie reden können und der Sie in Ihren dunkelsten Zeiten begleitet.

Das Leben ist anstrengend genug, selbst mit Menschen an Ihrer Seite zu haben, die Sie unterstützen. Denken Sie daran, dass Liebe und Unterstützung in beide Richtungen gehen. Um soziale Beziehungen zu pflegen, müssen Sie auch die Menschen in Ihrem Leben unterstützen und akzeptieren. In Beziehungen geht es um Geben und Nehmen - und wenn Sie nehmen, ohne zu geben, werden Ihre Beziehungen darunter leiden. Geben Sie den Menschen in Ihrem Leben einen sicheren Raum, in dem sie ihre Probleme aussprechen können, und helfen Sie ihnen bei Bedarf, Lösungen zu finden - oder haben Sie einfach ein offenes Ohr.

Wir alle wollen lieben und geliebt werden. Das ist einer der Gründe, warum wir menschliche Beziehungen suchen. Die Menschen wurden auf diese Erde gebracht, um Kontakte zu knüpfen. Nichts kann jemals menschliche Beziehungen ersetzen. Auch wenn Sie nicht gesellig sind, brauchen Sie jemanden, der Ihnen den Rücken stärkt und Ihnen in schweren Zeiten zur Seite steht. Jeder braucht manchmal Hilfe. Selbst die schlimmsten und miserabelsten Situationen können mit einem Freund an Ihrer Seite leichter sein. Denken Sie daran: Not macht erfinderisch.

Um soziale Kontakte zu knüpfen oder Ihren Bekanntenkreis zu erweitern, müssen Sie Menschen treffen und neue Freundschaften schließen. Wenn Sie möchten, dass man Sie mag, sollten Sie sich darauf konzentrieren, einen guten ersten Eindruck zu hinterlassen. Es kann weniger als eine Minute dauern, bis jemand entscheidet, ob er Sie mag. Sie haben nur ein paar Sekunden Zeit, um einen starken und guten Eindruck zu hinterlassen. Das ist nicht so kompliziert, wie Sie denken. Im nächsten Kapitel erfahren Sie, wie Sie einen starken ersten Eindruck hinterlassen können, der dafür sorgt, dass jeder, den Sie treffen, Sie nicht mehr vergisst.

# Kapitel 2: Wie Sie einen guten ersten Eindruck hinterlassen

Wir alle kennen das Sprichwort: Der erste Eindruck ist alles. Und obwohl es stimmt, dass der erste Eindruck wichtig ist, gibt es eine Menge psychologischer und wissenschaftlicher Gründe, warum er so wichtig ist. Zunächst einmal sind unsere Gehirne so verdrahtet, dass sie auf der Grundlage von sehr wenigen Informationen ein vorschnelles Urteil über Menschen fällen. Untersuchungen haben gezeigt, dass wir den ersten Eindruck in nur einer Zehntelsekunde gewinnen. Diese Fähigkeit, jemanden schnell einzuschätzen, ist eine evolutionäre Eigenschaft, die unseren Vorfahren half, in der Wildnis zu überleben, indem sie schnell erkannten, ob jemand ein Freund oder Feind war.

Der erste Eindruck hinterlässt Spuren bei den Menschen.
*https://unsplash.com/photos/9cd8qOgeNIY*

Heutzutage müssen wir uns zum Glück keine Sorgen mehr machen, von Tigern oder anderen Raubtieren gefressen zu werden. Aber die Funktionsweise unseres Gehirns bedeutet, dass der erste Eindruck immer noch einen großen Einfluss darauf hat, wie wir Menschen sehen. Sobald wir uns eine erste Meinung über jemanden gebildet haben, neigen wir dazu, alle zukünftigen Informationen über diese Person aus diesem Blickwinkel zu betrachten. Wenn wir also einen positiven ersten Eindruck von jemandem haben, sehen wir ihn mit größerer Wahrscheinlichkeit auch in Zukunft in einem positiven Licht. Wenn unser erster Eindruck negativ ausfiel, werden wir diese Person mit größerer Wahrscheinlichkeit auch weiterhin negativ sehen.

Es gibt ein paar Dinge, die Sie tun können, um einen guten ersten Eindruck zu hinterlassen. Erstens: Kleiden Sie sich der Situation entsprechend - ob Business Casual für ein Vorstellungsgespräch oder Ihr bestes Party-Outfit für eine Partynacht. Zweitens: Achten Sie auf Ihre Körpersprache und seien Sie sich bewusst, wie Sie wirken - Selbstvertrauen ist der Schlüssel. Und schließlich sollten Sie versuchen, Sie selbst zu sein und Ihre Persönlichkeit durchscheinen zu lassen - Menschen fühlen sich von Authentizität angezogen.

Ein guter erster Eindruck ist wichtig, um im Leben voranzukommen. Wenn Sie verstehen, warum der erste Eindruck so wichtig ist, können Sie lernen, wie Sie sich immer von Ihrer besten Seite zeigen können.

### Was ist der erste Eindruck?

Ein erster Eindruck ist das erste Urteil, das eine Person über eine andere Person fällt. Er entsteht, wenn wir jemandem zum ersten Mal begegnen und kann auf dessen Aussehen, Körpersprache, Tonfall oder Kleidung basieren. Der erste Eindruck entsteht oft sehr schnell - innerhalb von Sekunden nach der ersten Begegnung - und lässt sich nur schwer ändern. Ein altes Sprichwort besagt, dass man nur eine Chance hat, einen guten ersten Eindruck zu hinterlassen. Auch wenn wir uns dessen nicht bewusst sind, machen wir uns oft einen ersten Eindruck, ohne zu denken. Das liegt daran, dass unser Gehirn ständig versucht, die Flut von Informationen zu verarbeiten und in Sekundenbruchteilen zu beurteilen, was sie bedeuten. Tatsächlich haben Studien gezeigt, dass Menschen in der Regel innerhalb von Sekunden nach der Begegnung mit einer Person entscheiden, ob sie diese mögen oder nicht. Der erste Eindruck beruht zwar oft auf oberflächlichen Faktoren, aber es steckt auch eine gewisse Psychologie dahinter. So hat die Forschung beispielsweise gezeigt, dass Menschen dazu neigen, andere Menschen nach ihrer Attraktivität zu beurteilen. Gutaussehende Menschen werden oft als erfolgreicher, glücklicher und intelligenter wahrgenommen. Es gibt auch Hinweise darauf, dass Menschen die Körpersprache des anderen nachahmen, wenn sie sich zum ersten Mal treffen, wodurch eine Beziehung zwischen ihnen entsteht. Der erste Eindruck ist nicht immer zutreffend, aber wenn er einmal entstanden ist, kann er schwer zu ändern sein. Deshalb sollten Sie sich des Eindrucks bewusst sein, den Sie auf andere machen, und versuchen, sich von Ihrer besten Seite zu zeigen, wenn Sie neue Leute treffen.

### Warum ist der erste Eindruck so wichtig?

Man sagt, dass man nie eine zweite Chance bekommt, einen ersten Eindruck zu hinterlassen. Das gilt besonders für Vorstellungsgespräche. Auf dem hart umkämpften Arbeitsmarkt von heute gewinnt das Vorstellungsgespräch immer mehr an Bedeutung, und ein guter erster Eindruck entscheidet oft darüber, ob Sie die Stelle bekommen oder übergangen werden.

Es gibt mehrere Gründe, warum der erste Eindruck so wichtig ist. Zum einen gibt er den Ton für den Rest des Gesprächs an. Wenn Sie einen ausgezeichneten ersten Eindruck hinterlassen, wird der Gesprächspartner Sie eher positiv sehen und Ihnen Fragen stellen, die auf positivere Antworten abzielen. Wenn der erste Eindruck hingegen eher schlecht ausfällt, wird der Gesprächspartner den Rest des Gesprächs damit verbringen, sich von diesem Eindruck zu erholen. Darüber hinaus basiert der erste Eindruck oft auf nonverbalen Hinweisen wie Körpersprache und Tonfall. Diese Hinweise können genauso wichtig sein wie das, was Sie tatsächlich sagen. Sie können dem Gesprächspartner einen Eindruck von Ihrer Persönlichkeit vermitteln und ihm zeigen, ob Sie gut in das Unternehmen passen würden oder nicht.

Schließlich sollten Sie daran denken, dass der erste Eindruck oft schon entsteht, bevor Sie überhaupt den Mund aufmachen. Die Art und Weise, wie Sie sich kleiden, Ihre Körperhaltung und Ihr allgemeines Auftreten können zu dem ersten Eindruck beitragen, den Sie hinterlassen. Nehmen Sie sich daher etwas Zeit, um sich rechtzeitig auf Ihr Vorstellungsgespräch vorzubereiten, damit Sie den bestmöglichen Eindruck bei Ihrem potenziellen Arbeitgeber hinterlassen.

**Was ist ein schlechter erster Eindruck?**

Ein schlechter erster Eindruck kann weitreichende Auswirkungen haben, die auch dann noch nachwirken, wenn man nicht mehr in der Gegenwart der anderen Person ist. Ein schlechter erster Eindruck kann aus einer Vielzahl von Gründen entstehen, wie z.B. schwache Kommunikationsfähigkeiten, niedriges Selbstvertrauen oder mangelnder Enthusiasmus oder auch nur die unbewusste Assoziation, die ein anderer mit bestimmten körperlichen Merkmalen hat. Achten Sie auf Ihre Körpersprache, Ihre Haltung und Ihre Worte, wenn Sie einen positiven Eindruck hinterlassen möchten. Eine negative Denkweise kann sich schnell bemerkbar machen, eine ungünstige Atmosphäre schaffen und zu einer sofortigen Ablehnung durch die andere Partei führen. Tatsächlich zeigen Studien, dass wir innerhalb der ersten Sekunden nach der Begegnung mit einem anderen Menschen ein erstes Urteil über ihn fällen. Und wenn wir uns einmal eine Meinung gebildet haben, ist es schwer, sie zu ändern. All dies bedeutet, dass ein guter erster Eindruck unerlässlich ist, wenn Sie im Leben erfolgreich sein wollen. Aber wie genau können Sie es vermeiden, einen schlechten Eindruck zu hinterlassen?

Menschen beurteilen andere aufgrund von Aussehen, Körpersprache und Verhalten. Wenn Sie ungepflegt, nachlässig oder feindselig aussehen, werden Sie wahrscheinlich einen negativen Eindruck hinterlassen. Und wenn Sie nervös oder schüchtern wirken, nimmt man sich vielleicht nicht die Zeit, Sie näher kennenzulernen. Achten Sie auch darauf, was Sie sagen und tun, denn andere werden sich daran erinnern, wenn Sie sie mit Ihren Worten oder Handlungen kränken. Und schließlich sollten Sie bedenken, dass der erste Eindruck oft subjektiv ist. Selbst wenn Sie glauben, dass Sie einen guten ersten Eindruck gemacht haben, kann es sein, dass Ihr Gegenüber das anders sieht.

**Wie hinterlasse ich einen guten ersten Eindruck?**

**1. Seien Sie pünktlich**

Jeder, der schon einmal ein erstes Date hatte, weiß, wie wichtig es ist, einen guten ersten Eindruck zu hinterlassen. Natürlich gibt es viele Möglichkeiten, dies zu erreichen, dabei steht ganz oben auf der Liste etwas das ganz einfach zu bewerkstelligen ist, und zwar dass Sie einfach pünktlich sind. Warum ist das so? Nun, es hat sich herausgestellt, dass es eine psychologische Erklärung dafür gibt.

Wenn wir jemanden neu kennenlernen, versucht unser Gehirn automatisch, ihn einzuschätzen und festzustellen, ob er vertrauenswürdig ist. Ein Teil dieses Prozesses besteht darin, nach Hinweisen zu suchen, die uns verraten, ob die Person zuverlässig ist oder nicht. Einer der wichtigsten Anhaltspunkte ist, ob die Person pünktlich ist. Denn wenn jemand nicht einmal pünktlich zu einem ersten Date erscheinen kann, wie zuverlässig wird er dann wohl in anderen Bereichen seines Lebens sein? Verspätungen vermitteln den Eindruck, dass Sie die Zeit anderer Menschen nicht respektieren, was Sie egoistisch und unzuverlässig erscheinen lässt.

Wenn Sie dagegen pünktlich (oder sogar zu früh) sind, zeigt das, dass Sie bereit sind, sich um einen reibungslosen Ablauf zu bemühen und die Zeit anderer genauso zu schätzen wissen wie die eigene. Wenn Sie also einen guten ersten Eindruck hinterlassen wollen, sollten Sie pünktlich (oder sogar ein wenig zu früh) erscheinen. Das sendet die richtige Botschaft und trägt dazu bei, dass sich Ihr Date wohl fühlt.

Pünktlichkeit hinterlässt einen dauerhaft guten Eindruck bei anderen.
*https://unsplash.com/photos/otjiUhq5Zcw*

## 2. Stellen Sie Blickkontakt her

Wenn Sie jemanden zum ersten Mal treffen, trägt die Art und Weise, wie Sie Blickkontakt herstellen, dazu bei, die Meinung der anderen Person zu beeinflussen. Blickkontakt vermittelt Vertrauen und Interesse und hilft, eine Verbindung mit der anderen Person herzustellen. Wenn

Sie jemandem neu begegnen, nehmen Sie sich einen Moment Zeit, um ihm in die Augen zu sehen und ihm ein aufrichtiges Lächeln zu schenken. Das signalisiert, dass Sie selbstbewusst und daran interessiert sind, die Person besser kennen zu lernen. Sie können auch die Hand zum Händeschütteln ausstrecken, was eine weitere nonverbale Art ist, Ihr Interesse zu zeigen. Es ist auch eine nonverbale Botschaft, dass Sie aufmerksam sind und sich auf das Gespräch einlassen. Außerdem kann Blickkontakt dazu beitragen, dass sich Ihr Gesprächspartner wohlfühlt und es ihm leichter fällt, mit Ihnen zu sprechen. Wenn Sie also einen exzellenten ersten Eindruck machen wollen, sollten Sie Ihren Blick auf das Wesentliche richten. Blickkontakt ist eine der einfachsten und effektivsten Möglichkeiten, einen guten ersten Eindruck zu hinterlassen.

### 3. Zeigen Sie ein strahlendes Lächeln (aber kein falsches!)

Jeder weiß, wie wichtig der erste Eindruck ist. Sie wollen sich von Ihrer besten Seite zeigen, wenn Sie jemanden kennenlernen. Eine der einfachsten Möglichkeiten, dies zu tun, ist schlicht und einfach ein Lächeln. Lächeln ist ein wirkungsvolles nonverbales Zeichen, das eine Menge Informationen vermittelt. Zum einen vermittelt es Freundlichkeit und Aufgeschlossenheit. Lächeln ist eine der universellen Formen der nonverbalen Kommunikation und vermittelt eine Reihe von Emotionen, von Freude und Heiterkeit bis hin zu Liebe und Interesse. Es ist auch ein unglaublich wirkungsvolles Mittel, um einen guten ersten Eindruck zu hinterlassen. Wenn Sie jemanden anlächeln, ist die Wahrscheinlichkeit größer, dass er zurücklächelt, was wiederum dazu führt, dass sich Ihr Gegenüber gut fühlt. Und wenn sich Menschen in Ihrer Nähe gut fühlen, assoziieren sie eher positive Eigenschaften mit Ihnen, wie zum Beispiel freundlich, vertrauenswürdig und kompetent zu sein.

Sie wirken dann wie jemand, mit dem man gerne spricht und mit dem man gerne Zeit verbringt. Ein Lächeln kann Sie auch kompetenter und vertrauenswürdiger erscheinen lassen. Mit anderen Worten: Wenn Sie lächeln, machen Sie sich sympathischer - und wirken wie jemand, der seine Zeit wert ist.

Warum also hat Lächeln eine so starke Wirkung? Zum Teil hat es mit der Biologie zu tun. Wenn wir jemanden lächeln sehen, wird in unserem Gehirn die Ausschüttung von Dopamin ausgelöst, das uns glücklich macht. Wenn wir lächeln, werden unsere Gesichtsmuskeln, die für die Erzeugung positiver Emotionen verantwortlich sind, aktiviert. Mit anderen Worten: Wenn wir lächeln, fühlen wir uns insgesamt glücklicher und positiver. Wenn Sie also das nächste Mal jemandem begegnen, sollten Sie ihm Ihr schönstes Lächeln schenken! Wenn Sie also einen guten ersten Eindruck machen wollen, vergessen Sie nicht zu lächeln. Es mag wie eine Kleinigkeit erscheinen, aber es kann sehr viel dazu beitragen, dass andere Sie in einem positiven Licht sehen.

### 4. Verwenden Sie eine positive Körpersprache

Wenn Sie jemanden zum ersten Mal treffen, was fällt Ihnen an ihm auf? Wahrscheinlich achten Sie zuerst auf seine Körpersprache. Studien haben gezeigt, dass wir andere Menschen bereits in den ersten Sekunden nach der Begegnung anhand ihrer Körpersprache beurteilen. Das bedeutet, dass ein guter erster Eindruck entscheidend ist, um positive Beziehungen zu anderen aufzubauen. Was können Sie also tun, um sicherzustellen, dass Sie sich von Ihrer besten Seite zeigen? Einer der wichtigsten Punkte ist eine positive Körpersprache. Dazu gehört, dass Sie Blickkontakt halten, lächeln und eine offene Körperhaltung einnehmen. Zu einer negativen Körpersprache gehören dagegen Dinge wie das Verschränken der Arme, der Blick nach unten und das Vermeiden von Blickkontakt.

Eine positive Körpersprache signalisiert Ihrem Gesprächspartner, dass Sie an ihm und dem, was er zu sagen hat, interessiert sind. Sie lässt Sie auch selbstbewusster und zugänglicher erscheinen. Eine negative Körpersprache hingegen kann Sie desinteressiert, unsicher und sogar feindselig erscheinen lassen. Es mag wie ein einfacher Ratschlag erscheinen, aber diese kleinen Gesten können einen guten Eindruck hinterlassen. Wenn wir zum Beispiel lächeln, löst dies eine Ausschüttung von Endorphinen im Gehirn aus, wodurch wir uns glücklich fühlen und attraktiver auf andere wirken.

Wenn wir den Blickkontakt aufrechterhalten, signalisieren wir unserem Gegenüber, dass wir an ihm interessiert sind, und geben ihm das Gefühl, wertgeschätzt zu werden. Schließlich zeigt eine offene Körperhaltung, dass wir ansprechbar und vertrauenswürdig sind. Zusammenfassend lässt sich sagen, dass wir durch eine positive Körpersprache eine sofortige Beziehung zu anderen aufbauen und den Grundstein für eine dauerhafte Beziehung legen.

### 5. Seien Sie einfühlsam

Empathie ist die Fähigkeit, die Gefühle einer anderen Person zu verstehen und zu teilen. Es geht darum, die Dinge aus ihrer Perspektive zu sehen und ein tiefes Verständnis für ihre Gefühle zu haben. Wenn Sie sich in jemanden einfühlen, hören Sie nicht nur zu, was er sagt, sondern Sie versuchen auch zu fühlen, was er fühlt. Auf diese Weise können Sie sich mit jemandem verbinden und eine Beziehung aufbauen.

Eine der einfachsten Möglichkeiten, Einfühlungsvermögen zu zeigen, besteht darin, einfach zu reflektieren, was die andere Person sagt. So wissen Sie, dass Sie Ihr Gegenüber hören und verstehen. Sie können auch Fragen stellen, um mehr über seine Erfahrungen und Gefühle zu erfahren. Sie könnten zum Beispiel sagen: „Das klingt wirklich hart. Wie kommen Sie damit zurecht?" Aktives Zuhören, d.h. die volle Aufmerksamkeit auf das, was jemand sagt, ohne ihn zu unterbrechen, ist eine weitere Möglichkeit, Empathie zu zeigen. Dazu gehört, dass Sie Blickkontakt herstellen, eine offene Körperhaltung einnehmen und regelmäßig nicken oder bejahen.

Wenn Sie sich die Zeit nehmen, anderen gegenüber einfühlsam zu sein, signalisieren Sie ihnen, dass Sie sich für ihren Gesprächspartner interessieren und ihm zuhören möchten. Auf diese Weise können Sie Beziehungen aufbauen und einen positiven Eindruck hinterlassen.

## 6. Kleiden Sie sich dem Anlass entsprechend

Ganz gleich, ob Sie zu einem ersten Date, einem Vorstellungsgespräch oder zu einer Party gehen, es ist wichtig, einen guten ersten Eindruck zu hinterlassen. Und eine der einfachsten Möglichkeiten ist, sich dem Anlass entsprechend zu kleiden. Wenn Sie sich zum Beispiel mit jemandem auf einen Kaffee treffen, müssen Sie wahrscheinlich keinen dreiteiligen Anzug tragen. Aber wenn Sie zu einem Vorstellungsgespräch gehen, ist es eine gute Idee, sich professionell zu kleiden. Wenn Sie die richtige Kleidung tragen, signalisieren Sie, dass Sie die Situation ernst nehmen und die Person oder die Personen, mit denen Sie sich treffen, respektieren. Es kann auch Ihr Selbstvertrauen stärken, was für einen guten Eindruck sehr wichtig ist. Wenn Sie also das nächste Mal ein Treffen oder eine Veranstaltung haben, nehmen Sie sich etwas Zeit, um darüber nachzudenken, was Sie anziehen werden. Sich dem Anlass entsprechend zu kleiden, ist eine simple, aber effektive Möglichkeit, sich von Ihrer besten Seite zu zeigen. Wenn Sie sich dem Anlass entsprechend kleiden, können Sie einen guten ersten Eindruck hinterlassen.

## 7. Seien Sie Sie selbst

Authentisch zu sein bedeutet, ehrlich zu sein, wer Sie sind und woran Sie glauben. Es bedeutet, dass Sie in Ihren Interaktionen echt sind und Ihren Werten und Prinzipien treu bleiben. Die Menschen spüren, wenn Sie sich verstellen oder versuchen, sich zu verstellen, und das wirkt unaufrichtig. Wenn Sie hingegen authentisch sind, können die Menschen sehen, dass Sie echt sind, und das ist viel ansprechender. Wenn Sie ehrlich sind, können die Menschen Ihr wahres Ich sehen, was dazu beitragen kann, Vertrauen und Beziehungen aufzubauen. Authentizität ist auch wichtig für den Aufbau dauerhafter Beziehungen. Denn wie können Sie eine echte Verbindung zu jemandem aufbauen, wenn Sie nicht ehrlich zu sich selbst sind? Wenn Sie also das nächste Mal in einer Situation sind, in der Sie einen guten Eindruck machen wollen, lassen Sie sich nicht dazu hinreißen, sich zu verstellen. Seien Sie einfach Sie selbst und zeigen Sie der Welt, was für ein toller Mensch Sie sind.

## 8. Recherchieren Sie

Eine der besten Möglichkeiten, einen bleibenden ersten Eindruck zu hinterlassen, besteht darin, für den Anlass zu recherchieren. Das zeigt, dass Sie sich die Zeit nehmen, etwas über die andere Person zu erfahren und daran interessiert sind, einen guten Eindruck zu hinterlassen. Nehmen wir zum Beispiel an, Sie treffen sich mit jemandem zu einem Geschäftstreffen. In diesem Fall sollten Sie sich über das Unternehmen und die Branche informieren, in der die Person tätig ist. So haben Sie etwas, worüber Sie sprechen können und zeigen, dass Sie vorbereitet sind. Wenn Sie jemanden zu einem gesellschaftlichen Anlass treffen, sollten Sie dessen Interessen recherchieren, um eine gemeinsame Basis zu finden. Dadurch wird das Gespräch reibungsloser verlaufen, und Ihr Gegenüber wird sich wohler fühlen. Wenn Sie sich die Zeit nehmen, um zu recherchieren, zeigt das, dass Sie einen guten Eindruck hinterlassen wollen und bereit sind, sich die Mühe zu machen, dies zu tun.

## 9. Legen Sie Ihr Telefon beiseite

In der heutigen Zeit wird es immer üblicher, dass sich die Menschen für so gut wie alles auf ihr Telefon verlassen. Von der Wegbeschreibung bis zum Ablesen der Uhrzeit sind unsere Telefone zu einem Teil von uns selbst geworden. Wenn Sie jedoch eine neue Person treffen, sollten Sie Ihr Telefon weglegen und dem Gesprächspartner Ihre volle

Aufmerksamkeit schenken. Hierfür gibt es einige Gründe. Erstens zeigt es, dass Sie daran interessiert sind, was Ihr Gegenüber zu sagen hat. Zweitens können Sie so unangenehme Momente vermeiden, wenn Sie Ihr Telefon versehentlich fallen lassen oder während des Gesprächs eine Benachrichtigung erhalten. Und schließlich vermittelt es die Botschaft, dass Sie im Moment präsent sind und die Gesellschaft Ihres Gegenübers schätzen. Wenn Sie also das nächste Mal jemandem begegnen, sollten Sie Ihr Handy weglegen, um einen guten ersten Eindruck zu hinterlassen.

## 10. Hören Sie mehr zu, als Sie sprechen

Menschen lieben es, über sich selbst zu sprechen. Das liegt in der menschlichen Natur. Wenn Sie also Ihrem Gegenüber das Reden überlassen, wirken Sie nicht nur wie ein guter Zuhörer, sondern erfahren auch mehr über ihn. Was er mag, was er nicht mag, welche Hobbys er hat usw. Und all diese Informationen können Ihnen dabei helfen, herauszufinden, ob es eine mögliche Verbindung gibt oder nicht. Zuhören zeigt auch, dass Sie die andere Person und ihre Meinung respektieren. Es zeigt, dass Sie seine Gedanken und Ideen schätzen und daran interessiert sind, zu hören, was er zu sagen hat. Das kann viel dazu beitragen, ein gutes Verhältnis und Vertrauen aufzubauen.

## 11. Seien Sie offen, aber selbstbewusst

Der erste Eindruck ist wichtig, aber es kann schwierig sein, ihn zu kontrollieren. Sie wollen offen und freundlich sein, aber nicht verzweifelt oder übereifrig wirken. Es kommt darauf an, das richtige Gleichgewicht zwischen Selbstbewusstsein und Ansprechbarkeit zu finden. Eine Möglichkeit, dies zu erreichen, besteht darin, Blickkontakt herzustellen und zu lächeln, wenn Sie jemanden kennenlernen. Das zeigt, dass Sie daran interessiert sind, die Person kennenzulernen, aber es vermittelt auch Vertrauen. Eine weitere Möglichkeit, einen guten ersten Eindruck zu hinterlassen, ist, optimistisch zu sein. Das bedeutet nicht, dass Sie übermäßig fröhlich sein müssen, aber es bedeutet, dass Sie Negativität vermeiden sollten. Und schließlich sollten Sie daran denken, dass der erste Eindruck nur ein erster Eindruck ist. Machen Sie sich nicht zu viele Gedanken. Entspannen Sie sich einfach und seien Sie Sie selbst, dann werden Sie einen guten Eindruck hinterlassen.

Da Sie nun wissen, was einen guten ersten Eindruck ausmacht, sollten Sie diesen Rat befolgen. Wenn Sie das nächste Mal jemandem begegnen, sollten Sie unbedingt lächeln, Blickkontakt herstellen und einen festen Händedruck geben. Und vergessen Sie nicht, Ihr Äußeres ordentlich und gepflegt zu halten. Geben Sie einen Händedruck, stellen Sie sich vor und machen Sie Smalltalk. Wenn Sie diese einfachen Tipps befolgen, können Sie sicherstellen, dass Sie sich immer von Ihrer besten Seite zeigen.

# Kapitel 3: Körpersprache verstehen und einsetzen

Den meisten von uns ist nicht bewusst, dass unser Körper viel über unsere Persönlichkeit verraten kann. Wenn Sie die Körpersprache einer Person beobachten, können Sie oft feststellen, ob sie selbstbewusst oder schüchtern, extrovertiert oder introvertiert ist usw. Natürlich müssen Sie den Kontext berücksichtigen, in dem jemand ein bestimmtes Verhalten an den Tag legt. Ein Beispiel: Jemand, der normalerweise sehr kontaktfreudig ist, verhält sich vielleicht anders, wenn er sich in einer großen Gruppe von Fremden befindet. Die Körpersprache kann jedoch ein zuverlässiger Indikator für die Persönlichkeit einer Person sein.

Die Körpersprache sagt viel über Ihre Absichten und Ihre Stimmung aus.
*https://unsplash.com/photos/mSzCl0H4beY*

Einige gängige Merkmale der Körpersprache können Ihnen Aufschluss darüber geben, wie sich eine Person fühlt. Menschen, die sich mit sich selbst und anderen wohlfühlen, haben zum Beispiel eine offene Körperhaltung, bei der Arme und Beine nicht gekreuzt sind. Sie nehmen auch Blickkontakt auf und lächeln häufig. Jemand, der sich in sozialen Situationen unwohl fühlt, hat dagegen eine verschlossene Körpersprache, verschränkt z.B. die Arme oder Beine oder vermeidet den Blickkontakt. Ein weiteres Indiz ist das Zappeln - Menschen, die ängstlich sind oder sich unwohl fühlen, neigen dazu, mehr zu zappeln als diejenigen, die entspannt sind.

Natürlich dürfen Sie nicht vergessen, dass jeder Mensch einzigartig ist und dass eine Vielzahl von Dingen die Körpersprache eines Menschen beeinflussen kann. Wenn Sie jedoch auf die oben genannten Hinweise achten, bekommen Sie eine ziemlich gute Vorstellung davon, was für ein Mensch jemand ist - auch wenn dieser kein einziges Wort sagt!

**Was kann unsere Körpersprache verraten?**

**1. Gedanken**

Wenn es darum geht, die Gedanken einer Person zu verstehen, sind Worte nur ein Teil des Ganzen. Unsere Körpersprache liefert wertvolle Hinweise darauf, was wir wirklich denken und kann schwer zu kontrollieren sein. Wenn wir zum Beispiel an jemandem interessiert sind, lehnen wir uns vielleicht ungewollt vor oder stellen mehr Blickkontakt her als sonst. Umgekehrt verschränken wir vielleicht die Arme oder vermeiden den Blickkontakt ganz, wenn wir uns defensiv fühlen. Wenn wir auf diese subtilen Hinweise achten, können wir viel besser einschätzen, was jemand denkt, selbst wenn er es zu verbergen versucht. Bevor Sie sich ein Urteil bilden, sollten Sie unbedingt die Hinweise der Körpersprache und andere Hintergrundinformationen berücksichtigen, denn sie können leicht falsch verstanden werden. Wenn sie jedoch richtig eingesetzt werden, können sie ein mächtiges Werkzeug sein, um die Gedanken der Menschen zu lesen.

Körpersprache ist eine Form der nonverbalen Kommunikation, bei der Informationen durch körperliche Aktivitäten anstelle von Worten dargestellt oder vermittelt werden. Zu diesen Aktivitäten gehören Körperhaltung, Blickführung, Gesichtsausdruck, Berührung, Gesten und Raumnutzung. Sowohl Tiere als auch Menschen zeigen Körpersprache, aber wir werden uns darauf konzentrieren, wie Menschen die Körpersprache nutzen, um ihre Emotionen darzustellen. Man geht davon aus, dass die Körpersprache den größten Teil unserer nonverbalen Kommunikation ausmacht. Allerdings wird sie oft falsch interpretiert oder nicht beachtet. Die falsche Körpersprache kann Angst, Verwirrung und sogar Feindseligkeit hervorrufen. Sie kann auch dazu dienen, den inneren Dialog einer Person durch Hinweise wie Mimik, Körperhaltung und Gestik zu interpretieren. Wenn wir auf diese Hinweise achten, können wir besser verstehen, wie sich jemand fühlt, was er denkt, wie sein innerer Dialog aussieht und was er möglicherweise mitteilen möchte. Die Interpretation der Körpersprache kann je nach Kultur und Kontext variieren. Einige universelle Hinweise haben jedoch in allen Kulturen die gleiche Bedeutung. Zum Beispiel ist das Berühren des Gesichts oder der Nase oft ein Zeichen von Täuschung, während das Abwenden des Blicks oft ein Zeichen von Scham oder Schuld ist. Bei der Analyse der Körpersprache ist der Kontext von entscheidender Bedeutung, da einige Indikatoren mehrere Bedeutungen haben können. Wenn Sie beispielsweise die Arme vor der Brust verschränken, kann das auf Abwehr oder Selbstvertrauen hindeuten. Um die Körpersprache einer Person richtig zu deuten, müssen Sie die Situation und alle anderen vorhandenen nonverbalen Hinweise berücksichtigen. Wenn wir auf die Körpersprache achten, können wir den inneren Dialog zwischen anderen und uns selbst besser verstehen.

## 2. Den emotionalen Zustand

Die Körpersprache kann verwendet werden, um den emotionalen Zustand einer Person zu entschlüsseln und Emotionen zu vermitteln. Verschränkte Arme können zum Beispiel darauf hinweisen, dass sich eine Person defensiv oder unwohl fühlt, während eine offene Körperhaltung signalisieren kann, dass sie entspannt und ansprechbar ist. Gesichtsausdrücke sind Hinweise auf Emotionen. Lächeln und Lachen zeigen Freude an, während gerunzelte Brauen und zusammengebissene Kiefer Ärger oder Frustration vermitteln können. Wenn wir auf diese und andere Hinweise achten, können wir besser verstehen, wie sich jemand fühlt, was bei persönlichen und beruflichen Interaktionen hilfreich sein kann.

## 3. Die wahren Absichten

Die meisten Menschen sind sich der Bedeutung der Körpersprache nicht bewusst. Die Beobachtung der Körpersprache einer Person kann Hinweise auf deren Absichten geben. Wenn zum Beispiel jemand sehr nahe bei Ihnen steht, versucht er vielleicht, Sie einzuschüchtern. Wenn sich jemand nach vorne lehnt und Blickkontakt herstellt, ist er möglicherweise an dem interessiert, was Sie sagen. Die Beachtung der Körpersprache kann uns helfen, die Menschen um uns herum besser zu verstehen und sogar unsere eigene Kommunikation zu verbessern.

**Was ist positive Körpersprache?**

### 1. Positive Gesichtsausdrücke

Ein positiver Gesichtsausdruck ist nicht zu übersehen, wenn Sie ihm begegnen. Die Augenbrauen sind hochgezogen, die Mundwinkel sind nach oben gezogen und die Augen sind oft gerunzelt. Es sieht aus, als würde die Person gleich lachen - und tatsächlich haben Studien gezeigt, dass ein echtes Lächeln die gleichen Muskeln im Gesicht aktiviert wie ein Lachen. Ein positiver Gesichtsausdruck ist nicht nur ein Zeichen von Freude, sondern auch von Offenheit und Vertrauen. Es ist eine Art zu sagen: „Ich bin ansprechbar und ich bin daran interessiert, was du zu sagen hast."

Wenn wir sehen, dass jemand einen positiven Gesichtsausdruck hat, schafft das ein Gefühl von Vertrauen und Verbundenheit. Wir fühlen uns instinktiv zu Menschen hingezogen, die körperlich offen und aufnahmebereit sind, im Gegensatz zu denen, die verschlossen und zurückhaltend sind. Aus diesem Grund ist eine positive Körpersprache für den ersten Eindruck von grundlegender Bedeutung: Sie vermittelt Freundlichkeit und die Bereitschaft, sich auf andere einzulassen.

- **Lächeln**

Ein Lächeln ist der häufigste und allgemein anerkannte positive Gesichtsausdruck. Es steht für Freude, kann aber auch Erleichterung, Belustigung oder sogar Schüchternheit ausdrücken. Ein echtes Lächeln zeichnet sich durch ein Zusammenkneifen der Augen aus und ist nach dem französischen Arzt, der es erstmals beschrieb, als Duchenne-Lächeln bekannt. Im Gegensatz dazu fehlt beim falschen Lächeln oder sozialen Lächeln oft dieses Fälteln und kann von geschulten Beobachtern leicht erkannt werden.

- **Nicken**

Nicken ist ebenfalls ein positiver Gesichtsausdruck, der verschiedene Bedeutungen haben kann. Ein Beispiel: Wenn Sie nicken, während jemand spricht, signalisieren Sie damit, dass Sie zuhören und aufmerksam sind. Sie können auch nicken, um Zustimmung zu signalisieren, z.B. wenn Sie auf eine Frage mit dem Kopf nicken. In einigen Fällen kann Nicken auch als Zeichen des Respekts oder der Anerkennung verwendet werden, z.B. wenn Sie jemandem zunicken, der gerade etwas Bemerkenswertes gesagt hat. Unabhängig vom Kontext wird Nicken im Allgemeinen als eine positive Geste angesehen, die Interesse, Unterstützung oder Zustimmung ausdrückt.

## • Lachen

Lachen ist ein positiver Ausdruck, der Freude, Vergnügen oder Belustigung ausdrückt. Wenn wir lachen, ziehen sich unsere Gesichtsmuskeln zusammen und unsere Atmung beschleunigt sich. Lachen ist ansteckend. Man sagt oft, dass man nicht anders kann, als zu lächeln, wenn man jemanden lachen sieht. Lachen ist auch gut für unsere Gesundheit. Es kann helfen, Stress abzubauen, unsere Stimmung zu verbessern und sogar unser Immunsystem zu stärken. Schon ein paar Minuten Lachen können dazu beitragen, dass sich andere entspannter und glücklicher fühlen.

Positive Gesichtsausdrücke beschränken sich nicht nur auf ein Lächeln. Gesichtsausdrücke können eine Vielzahl von Emotionen ausdrücken, von Stolz und Freude bis hin zu Mitgefühl und Liebe. Interessanterweise beruhen viele dieser Ausdrücke auf der so genannten Gesichts-Feedback-Hypothese, die besagt, dass unsere Gesichtsmuskeln unseren emotionalen Zustand beeinflussen. Mit anderen Worten: Wenn wir lächeln oder die Stirn runzeln, können wir unseren emotionalen Zustand beeinflussen. Das Lesen und Interpretieren positiver Gesichtsausdrücke und offener Körpersprache kann in verschiedenen sozialen Situationen, vom Vorstellungsgespräch bis zum ersten Date, unglaublich nützlich sein. Wenn wir uns der Macht der nonverbalen Kommunikation bewusst sind, können wir sie bei persönlichen und beruflichen Interaktionen zu unserem Vorteil nutzen. Indem wir durch unsere Körpersprache positive Signale aussenden, erhöhen wir die Wahrscheinlichkeit, dass andere positiv auf uns reagieren.

## 2. Positive Blickführung

Positive Blickführung ist eine spezielle Art der Körpersprache, die besonders hilfreich sein kann, um Vertrauen und Offenheit zu vermitteln. Zu einer positiven Blickführung gehört, dass Sie mit Ihrem Gesprächspartner Blickkontakt aufnehmen, sich im Raum umsehen und gelegentlich Blickkontakt mit anderen Personen im Raum aufnehmen. Diese Art der Blickführung vermittelt Selbstvertrauen, denn sie zeigt, dass Sie sich wohl fühlen, wenn Sie Blickkontakt aufnehmen und sich auf andere einlassen. Sie vermittelt auch Offenheit, denn sie zeigt, dass Sie an dem interessiert sind, was um Sie herum geschieht. In Kombination mit anderen Formen positiver Körpersprache kann eine positive Blickführung ein wirkungsvolles Instrument sein, um Vertrauen und Offenheit zu vermitteln.

Wenn wir jemanden sehen, nehmen wir normalerweise unbewusst seine Körpersprache auf. Angefangen bei der Art und Weise, wie die Person sich hält, bis hin zu der Art und Weise, wie sie mit den Menschen um sie herum interagiert, nimmt unser Gehirn ständig diese subtilen Hinweise auf und trifft in Sekundenbruchteilen Entscheidungen über die Person. Einer der wichtigsten Hinweise, auf die wir achten, ist die Blickführung. Wo eine Person hinschaut, kann uns viel über ihren Gemütszustand verraten. Beispiele: Menschen, die sich schuldig fühlen oder verlegen sind, vermeiden oft den Blickkontakt. Menschen, die selbstbewusst und selbstsicher sind, werden dagegen in der Regel Ihren Blick halten.

Interessanterweise kann die Blickführung auch als Hinweis auf eine positive Körpersprache dienen. Insbesondere, wenn Menschen in der Nähe von Personen sind, die sie attraktiv finden, neigen sie dazu, ihre Augen in einem Dreiecksmuster zu bewegen, angefangen bei den Augen, dann zur Nase und schließlich zu den Lippen. Es hat sich gezeigt, dass dieses Muster die Anziehungskraft erheblich steigert, selbst wenn die Teilnehmer sich dessen nicht bewusst sind! Wenn Sie also das nächste Mal ein Date haben oder jemanden kennenlernen, achten Sie auf die Blickführung. Wenn Ihr Gegenüber ab und zu einen Blick auf Ihre Lippen wirft, könnte das ein gutes Zeichen sein!

### Warum ein guter Blickkontakt wichtig ist

Es ist kein Geheimnis, dass Blickkontakt entscheidend ist. Blickkontakt ist wichtig, um eine Verbindung herzustellen, sei es in einer Besprechung, bei einer Präsentation oder einfach bei einem Gespräch mit einem Freund. Und es geht nicht nur darum, einen guten Eindruck zu hinterlassen - Blickkontakt kann Sie sympathisch und vertrauenswürdig erscheinen lassen. Aber warum ist das so?

Zunächst einmal hilft er uns, uns zu konzentrieren und aufmerksam zu sein. Wenn wir mit jemandem Blickkontakt aufnehmen, hören wir eher zu, was er sagt, und lassen uns weniger von anderen Dingen um uns herum ablenken. Der Blickkontakt ermöglicht es uns auch, nonverbale Signale wie Mimik und Körpersprache wahrzunehmen, insbesondere in

Verhandlungen oder anderen Situationen, in denen es wichtig ist, die Gefühle und Absichten des anderen zu lesen.

Schließlich zeigt der Blickkontakt, dass wir uns für unser Gegenüber interessieren und für das, was er zu sagen hat. Es vermittelt die Botschaft, dass wir die Person respektieren und ihre Meinung schätzen. Wenn Sie also das nächste Mal ein Gespräch führen, denken Sie daran, Ihrem Gesprächspartner in die Augen zu schauen - das wird für den Verlauf des Gesprächs den entscheidenden Unterschied ausmachen.

### 3. Positive Handbewegungen

#### • Fester Händedruck

Ein fester Händedruck ist eine der am häufigsten verwendeten Formen der nonverbalen Kommunikation. Obwohl es eine einfache Geste ist, kann sie viel über eine Person aussagen. Ein fester Händedruck vermittelt Vertrauen, Vertrauenswürdigkeit und Professionalität. Er wird oft verwendet, um einen guten ersten Eindruck in geschäftlichen und gesellschaftlichen Situationen zu hinterlassen.

Die Psychologie hinter einem festen Händedruck ist interessant. Studien haben gezeigt, dass Menschen, die sich fest die Hand geben, als sympathischer und vertrauenswürdiger wahrgenommen werden. Das mag daran liegen, dass ein fester Händedruck als Zeichen von Dominanz und sozialem Status angesehen wird. Mit anderen Worten, er vermittelt Vertrauen und Autorität. Wenn wir jemandem die Hand schütteln, tauschen wir im Wesentlichen Informationen über unseren sozialen Rang aus.

Ein fester Händedruck kann Sie auch kompetenter und glaubwürdiger erscheinen lassen. Auch dies kann daran liegen, dass ein fester Griff Vertrauen und Macht vermittelt. Wenn Sie jemandem die Hand schütteln, stellen Sie Blickkontakt her und lächeln Sie. So wirken Sie freundlich und ansprechbar.

Kurzum, ein fester Händedruck ist ein wichtiges Instrument für einen guten ersten Eindruck. Er vermittelt Selbstvertrauen, Seriosität und Kompetenz. Wenn Sie das nächste Mal jemandem begegnen, sollten Sie daran denken, ihm fest die Hand zu schütteln.

#### • Offene Handflächen

Offene Handflächen sind ein Zeichen für eine positive Körpersprache. Offene Handflächen werden oft als ein Zeichen von Ehrlichkeit und Aufrichtigkeit angesehen. Denn wenn wir unsere

Handflächen öffnen, entblößen wir unsere verletzlichen Unterarme. Dies ist eine nicht bedrohliche Geste, die zeigt, dass wir nichts zu verbergen haben. Im Gegensatz dazu werden geschlossene Fäuste oder geballte Hände als Zeichen von Feindseligkeit oder Verteidigungsbereitschaft angesehen. Sie zeigen, dass wir bereit sind, zu kämpfen oder uns zu verteidigen.

Die Psychologie dahinter ist, dass wir, wenn wir uns gut fühlen, unsere Handflächen öffnen und sie vor uns halten. Auf diese Weise zeigen wir unser Selbstvertrauen und dass wir ansprechbar sind. Offene Handflächen können auch ein Zeichen der Unterwerfung oder des Appells sein. Wenn wir zum Beispiel unsere Hände zum Gebet zusammenlegen, zeigen wir damit, dass wir keine Bedrohung darstellen und bereit sind, zuzuhören. In einem geschäftlichen Umfeld können offene Handflächen als Angebot eines Händedrucks oder als Hinweis darauf interpretiert werden, dass wir zu einem Gespräch bereit sind. Sie vermitteln Vertrauenswürdigkeit und Offenheit, was dazu beitragen kann, ein gutes Verhältnis aufzubauen. Letztlich sind offene Handflächen ein Zeichen für guten Willen und positive Absichten, was sie zu einem wichtigen körpersprachlichen Zeichen macht, auf das Sie achten sollten.

- **Nicht verschränkte Hände**

Wenn Sie schon einmal jemanden gesehen haben, der seine Hände vor sich verschränkt hat, haben Sie sich vielleicht gefragt, was das bedeutet. Betet diese Person? Meditiert sie? Oder ruht sie einfach nur ihre Hände aus? Tatsächlich ist diese Geste als Position der ungekreuzten Arme bekannt und gilt als positives Zeichen der Körpersprache.

Es gibt einige mögliche Erklärungen dafür, warum die ungekreuzten Arme als positive Geste angesehen werden. Zum einen zeigt sie an, dass die Person entspannt ist und sich wohlfühlt. Sie verkrampft sich nicht und versucht nicht, etwas zu verbergen, was sie vertrauenswürdiger erscheinen lassen kann. Nicht verschränkte Arme nehmen weniger Platz ein als verschränkte Arme, was ein Gefühl der Offenheit vermittelt. Dies kann die Person zugänglicher und einladender erscheinen lassen.

Ist Ihnen schon einmal aufgefallen, dass jemand, der sich selbstbewusst und positiv fühlt, seine Hände normalerweise nicht verschränkt? Dafür gibt es einen Grund. Experten für Körpersprache sind der Meinung, dass verschränkte Arme oder Beine eine Form der

Selbstumarmung sind, die Menschen anwenden, wenn sie sich unsicher oder bedroht fühlen. Wenn Sie hingegen Ihre Hände nicht verschränken, sondern öffnen, ist das ein Zeichen dafür, dass Sie offen für das sind, was andere zu sagen haben, und dass Sie sich in Ihrer eigenen Haut wohl fühlen. Wenn Sie also das nächste Mal in einer Besprechung oder einem Vorstellungsgespräch sind, sollten Sie darauf achten, dass Sie Ihre Hände nicht verschränken, um die richtige Botschaft zu vermitteln.

### Positive Körperhaltungen

### 1. Behalten Sie eine gute Körperhaltung bei

Eine gute Körperhaltung ist mehr als nur gute Manieren. Wenn Sie aufrecht stehen und die Schultern nach hinten ziehen, vermitteln Sie eine Botschaft des Vertrauens und der Stärke. Die meisten von uns haben schon einmal gehört, dass eine aufrechte und offene Haltung ein Zeichen von Selbstvertrauen ist, und tatsächlich haben Untersuchungen gezeigt, dass Menschen mit einer guten Körperhaltung als selbstbewusster und kompetenter angesehen werden als diejenigen, die die Schultern hängen lassen. Auf der anderen Seite signalisiert eine krumme oder gebückte Haltung Unsicherheit und Niedergeschlagenheit. Interessanterweise hat die Forschung gezeigt, dass sogar vorgetäuschtes Selbstvertrauen zu echtem Erfolg führen kann. Aber warum ist das so? Es stellt sich heraus, dass unsere Körpersprache eng mit unserem psychologischen Zustand verbunden ist. Wenn wir uns gut fühlen, neigen wir dazu, aufrecht zu stehen und unseren Brustkorb zu öffnen, während wir, wenn wir uns niedergeschlagen oder besiegt fühlen, eher die Schultern hängen lassen und unseren Körper schließen. Diese Verbindung zwischen Körpersprache und innerem Zustand ist so stark, dass sie auch in umgekehrter Richtung funktioniert: Wenn wir aufrecht stehen, fühlen wir uns selbstbewusster, auch wenn wir das im ersten Moment nicht unbedingt spüren.

Es geht aber nicht nur darum, gut auszusehen. Eine aufrechte Haltung hat viele körperliche Vorteile. Sie hilft, Ihre Wirbelsäule in einer geraden Linie zu halten, was Schmerzen vorbeugt und Ihre allgemeine Beweglichkeit verbessert. Außerdem hilft eine gute Haltung Ihnen, leichter und tiefer zu atmen, was Ihr Energieniveau und Ihre Konzentration steigert. Kurz gesagt, es gibt nur wenige Probleme, die sich nicht durch aufrechtes Stehen lösen lassen. Wenn Sie sich also das nächste Mal dabei ertappen, wie Sie krumm sitzen, nehmen Sie sich einen Moment Zeit, um Ihre Haltung zu korrigieren. Sie werden nicht nur selbstbewusster aussehen, sondern auch Ihrem Körper einen Gefallen tun.

## 2. Lehnen Sie sich beim Reden oder Zuhören vor

Eine gute Kommunikation ist das A und O einer jeden erfolgreichen Beziehung, ob beruflich oder privat. Eines der wichtigsten Elemente einer effektiven Kommunikation ist die Körpersprache. Die Art und Weise, wie wir uns bewegen und mit anderen interagieren, kann viel darüber aussagen, was wir denken und fühlen, selbst wenn wir nichts sagen. Eine gängige Form der Körpersprache ist das Hineinlehnen. Wenn wir jemanden sehen, der sich zu uns herüberbeugt, während er uns zuhört, vermittelt dies im Allgemeinen den Eindruck, dass diese Person an dem interessiert ist, was wir zu sagen haben. Sie macht sich für uns verfügbar und sendet die Botschaft, dass sie hören möchte, was wir zu sagen haben. Es ist eine nonverbale Art zu sagen: „Ich höre zu", und es trägt dazu bei, eine Beziehung zwischen Sprecher und Zuhörer herzustellen. Wenn Sie sich dagegen von jemandem weglehnen, kann dies Desinteresse oder Ungeduld signalisieren.

Einige Studien belegen, dass das Hineinlehnen beim Sprechen das Gespräch für beide Parteien angenehmer macht. Wenn wir uns beim Sprechen nach vorn lehnen, signalisieren wir unserem Gesprächspartner, dass wir uns engagieren und in das Gespräch investieren. Das kann dazu führen, dass die Person sich wohler fühlt und die Interaktion insgesamt positiver verläuft. Unsere Körpersprache kann viele verschiedene Signale aussenden, aber das Hineinlehnen ist definitiv eines der positivsten. Es zeigt Interesse, Engagement und Respekt für die andere Person und kann dazu beitragen, ein Gespräch angenehmer zu gestalten. Wenn Sie also zeigen möchten, dass Sie sich für das interessieren, was jemand sagt, beugen Sie sich vor und nehmen Sie Blickkontakt auf. Das könnte den entscheidenden Unterschied ausmachen.

# Kapitel 4: Wie Sie Selbstvertrauen gewinnen und sich Respekt verschaffen

Selbstvertrauen ist keine Fähigkeit, sondern eine Denkweise, die sich weiterentwickelt. Positives Denken, regelmäßiges Üben, formelles Training, mehr Wissen und soziale Interaktion können Ihnen helfen, Ihr Selbstvertrauen zu stärken.

Selbstvertrauen zu gewinnen ist der erste Schritt zu sozialem Erfolg.

*https://unsplash.com/photos/hQP5mWcM84c*

Ein gutes Selbstwertgefühl, die Wertschätzung Ihrer körperlichen und geistigen Fähigkeiten und der Glaube an Ihr Wissen und Ihre Erfahrung sind allesamt notwendige Zutaten für ein gesundes Maß an Selbstvertrauen. Die meisten Menschen möchten sich selbstbewusster fühlen, und es ist auch möglich, dies zu erreichen.

Dieses Kapitel soll Ihnen helfen, Ihr Selbstvertrauen zu finden und zu stärken und den Wert anderer zu schätzen.

### Was ist Selbstvertrauen?

Obwohl viele Menschen unterschiedliche Definitionen für Selbstvertrauen haben, bedeutet es im Wesentlichen, an sich selbst zu glauben. Ihr Selbstvertrauen wird davon beeinflusst, was Sie erlebt haben und wie Sie gelernt haben, mit Widrigkeiten umzugehen. Ihr Selbstwertgefühl schwankt im Laufe der Zeit.

Der Grad des Selbstbewusstseins einer Person spiegelt in der Regel die Werte und Lektionen wider, die sie im Laufe ihres Lebens gelernt hat.

Die Art und Weise, wie uns beigebracht wurde, zu sehen und zu handeln, prägt unsere Grundannahmen darüber, wer wir sind und wie wir andere behandeln sollten. Dies wird auch durch Umweltfaktoren beeinflusst, die wir erlebt haben, sei es eine missbräuchliche Kindheit oder eine glückliche, ausgeglichene Erziehung. Unser Vertrauen in unsere Fähigkeit, mit unserer Verantwortung umzugehen und schwierige Situationen zu meistern, ist von Mensch zu Mensch unterschiedlich.

### Geringes Selbstvertrauen

Zukunftsängste, negatives Feedback, Unzufriedenheit mit dem eigenen Aussehen, das Versäumnis, vorauszuplanen oder sich die notwendigen Fähigkeiten anzueignen, und die Unfähigkeit, aus Fehlern zu lernen, können zu einem Mangel an Selbstvertrauen führen.

Wenn es Ihnen an Selbstvertrauen mangelt, liegt das in der Regel daran, dass Sie sich Sorgen darüber machen, was andere Menschen von Ihnen denken. Diese Art des Denkens kann Sie davon abhalten, das zu tun, von dem Sie wissen, dass es für Sie vorteilhaft ist, weil Sie Angst vor Unbehagen oder Peinlichkeit haben.

### Übermäßiges Selbstvertrauen

Ein ungesundes Maß an Selbstvertrauen kann zu dem falschen Glauben führen, dass jedes Ziel erreicht werden kann, selbst wenn es dem Einzelnen an der nötigen Kompetenz fehlt. Unter diesen

Umständen geht unangebrachtes Selbstvertrauen häufig nach hinten los.

Ein übersteigertes Selbstvertrauen erhöht die Wahrscheinlichkeit, dass andere Sie als eingebildet oder arrogant wahrnehmen. Die Leute werden sich eher über Ihren Untergang freuen, wenn sie Sie als arrogant und unerträglich empfinden.

Das wollen Sie aber nicht. Sie wollen ein gesundes Maß an Selbstvertrauen zeigen, das Ihnen den Respekt der anderen einbringt.

### Ist Selbstvertrauen notwendig für eine gute Gesundheit?

Wenn Sie ein positives Selbstbild haben, zeigt sich das in den Entscheidungen, die Sie treffen. Ihre Chancen, Aspekte Ihres Lebensstils wie Selbstfürsorge, soziales Engagement, körperliche Aktivität und Ernährung zu verbessern, steigen.

Positivität und eine optimistische Lebenseinstellung kommen auch Ihrer geistigen und emotionalen Gesundheit zugute und sind das Ergebnis von Selbstvertrauen. Wenn es Ihnen an Selbstvertrauen mangelt, können Ihr Selbstwertgefühl und Ihre Würde darunter leiden.

In diesem Fall kann es schwierig sein, Entscheidungen zu treffen und Probleme zu bewältigen. Sie könnten anfangen, an Ihren Fähigkeiten zu zweifeln. Neue Menschen kennenzulernen und an neuen Aktivitäten teilzunehmen, kann zu einer großen Herausforderung werden.

Sie könnten sich zurückziehen und soziale Situationen vermeiden, aus Angst, von anderen verletzt zu werden. All dies könnte zu einer Negativspirale führen, da Sie anfangen, Situationen zu meiden, die Ihnen Unbehagen bereiten und Ihr Selbstvertrauen weiter schwinden lassen.

### Respekt und seine Bedeutung

Respekt ist einer der grundlegenden Eckpfeiler erfolgreicher zwischenmenschlicher Beziehungen und des eigenen Selbstbewusstseins. Respekt ist ein universelles Grundbedürfnis. Er spielt eine wichtige Rolle bei der Gestaltung dessen, was wir als Individuen sind, und bei der Stärkung unserer Bindungen zueinander.

Eine andere Person zu tolerieren ist ein Versuch, sie nicht unhöflich zu behandeln. Es ist ein Konzept, das besagt, dass wir die Worte und Handlungen eines anderen respektieren sollten, auch wenn wir nicht immer damit einverstanden sind oder sie unterstützen. Wenn Sie jemanden respektieren, fällen Sie kein Urteil über ihn aufgrund seiner Ideen, Handlungen oder Überzeugungen.

### Warum ist es wichtig, Respekt zu zeigen?

Wenn wir uns selbst nicht wertschätzen, wird es auch niemand anderes tun. Ein sicherer Raum, in dem Menschen sich ausdrücken können, ohne befürchten zu müssen, verurteilt zu werden, ist entscheidend.

Wenn Sie sich selbst und andere respektieren, zeigt sich das unweigerlich in Ihren Interaktionen mit ihnen und mit dem Rest der Welt. Ihre Interaktionen mit anderen werden mit der Zeit immer respektvoller und harmonischer.

Wenn Sie sich selbst und andere respektieren, können Sie tiefere Beziehungen aufbauen. Respektvolles Verhalten verbessert Ihre Fähigkeit, bedeutungsvolle Beziehungen zu anderen Menschen aufzubauen und aufrechtzuerhalten, ganz gleich in welchem Umfeld.

Wenn Sie sich um sich selbst kümmern, sich und andere wertschätzen, werden Sie selbstsicherer, glücklicher und erfolgreicher.

### Beispiele für respektvolles Verhalten

Nachfolgend finden Sie einige Beispiele für respektvolles Verhalten:

### Zuhören

Jeder Mensch braucht Aufmerksamkeit und Anerkennung. Zuzuhören, was jemand zu sagen hat, ist eine grundlegende Form der Höflichkeit. Sie sollten nicht einmal darüber nachdenken, ob die Person etwas Wertvolles beizutragen hat oder nicht. Wenn Sie einem anderen Menschen Zeit widmen, zeigen Sie ihm gegenüber Respekt.

### Unterstützen

Wenn Sie jemanden unterstützen, zeigen Sie ihm, dass Sie an ihn glauben und an seine Fähigkeit, etwas zu bewirken. Sie können anderen das Gefühl geben, wichtig zu sein und Respekt zu verdienen. Das Teilen eines virtuellen Abzeichens der Unterstützung kann eine einfache Möglichkeit sein, Ihre Bewunderung für jemanden zu zeigen. Wenn Sie jemanden beobachten und etwas Positives über ihn sagen, zeigen Sie damit Ihre Unterstützung.

### Freundlichkeit praktizieren

Freundlichkeit unterscheidet sich vom Dienst an einer Person. Mitgefühl erfordert nicht, dass jemand es verdient, aber es ist schwierig, Mitgefühl zu empfinden, wenn Sie nicht glauben, dass es verdient ist. Wenn Sie anderen gegenüber Freundlichkeit zeigen, demonstrieren Sie Selbstlosigkeit und Großzügigkeit. Freundlichkeit ist im Grunde ein

Zeichen von Respekt. Respekt und Hilfe für Bedürftige sind untrennbar miteinander verbunden.

### Höflich sein

Jemanden höflich zu behandeln ist eine der einfachsten Möglichkeiten, sich Respekt zu verschaffen. Ein freundliches Auftreten kann Menschen das Gefühl geben, geschätzt zu werden und Freude zu empfinden. Um Ihren hart erkämpften Respekt zu behalten, müssen Sie zu sich selbst und anderen höflich sein.

### Die Bedeutung von Selbstvertrauen bei sozialen Interaktionen

Selbstbewusst zu sein hat auch zahlreiche Vorteile für Ihre sozialen Beziehungen. Bedenken Sie die folgenden Vorteile von Selbstvertrauen:

### Sie sind frei, Sie selbst zu sein

Es ist viel einfacher, in einer Gruppe von Menschen Sie selbst zu sein, wenn Sie ein gesundes Maß an Selbstvertrauen und Selbstachtung haben. Die Menschen können in der Regel erkennen, wenn Sie aufrichtig sind. Wenn Sie sich sicher genug fühlen, um Ihr wahres Ich zum Ausdruck zu bringen, steigt die Wahrscheinlichkeit, dass Sie ein bedeutungsvolles Gespräch mit einem anderen Menschen führen.

### Die Fähigkeit, sich selbst auszudrücken

Wenn Sie über ein gesundes Selbstwertgefühl verfügen, ist es wahrscheinlicher, dass Sie für das eintreten, woran Sie glauben, und dass Sie angesichts von Widrigkeiten standhaft bleiben. Diese Kraft hilft Ihnen, Ihre Integrität und Authentizität zu bewahren, selbst wenn Sie mit einem Gegner konfrontiert werden. Wenn Sie selbstbewusst sind, sind Sie frei von den Ängsten, die mit Selbstzweifeln einhergehen.

### Seien Sie stolz auf sich selbst und Ihre Fähigkeiten

Ein solides Selbstvertrauen ermöglicht es Ihnen auch, sich selbst und Ihre Fähigkeiten besser zu schätzen. Ähnlich wie der vorhergehende Vorteil wird dies zu stärkeren Beziehungen mit anderen und einer besseren Lebenseinstellung führen. Darüber hinaus ermöglicht es Ihnen bessere und produktivere soziale Kontakte.

### Verbesserte Leistung

Selbstvertrauen steigert die Leistung. Anstatt Zeit und Ressourcen damit zu verschwenden, sich über Ihre Unzulänglichkeiten zu ärgern, können Sie sich auf Ihre Bemühungen konzentrieren.

### Bessere Bindungen

Selbstvertrauen beeinflusst Ihre Lebenseinstellung und Ihre Fähigkeit, Ihre Mitmenschen zu verstehen und zu schätzen. Es stärkt Ihre Entschlossenheit, einen Partner zu verlassen, der Ihre Erwartungen nicht erfüllt.

### Bereitschaft, neue Dinge auszuprobieren

Wenn Sie an sich selbst glauben, sind Sie offener für neue Erfahrungen. Risiken einzugehen, wie z.B. sich für einen neuen Job zu bewerben oder einen Kochkurs zu belegen, wird viel einfacher, wenn Sie Selbstvertrauen haben.

### Techniken zur Stärkung des Selbstbewusstseins und des gesellschaftlichen Ansehens

Die Entwicklung von Selbstvertrauen besteht aus zwei Teilen. Während es wichtig ist, an der Verbesserung Ihres inneren Selbstbewusstseins zu arbeiten, ist es ebenso wichtig, darüber nachzudenken, wie Sie nach außen hin ein Gefühl der Sicherheit vermitteln und die Bewunderung anderer gewinnen. Die folgende Liste enthält mehrere mögliche Strategien, um dies zu erreichen.

### Schließen Sie sich mit optimistischen Menschen zusammen

Denken Sie einen Moment an die emotionale Wirkung, die Ihre Freunde auf Sie haben. Geben sie Ihnen ein gutes oder schlechtes Gefühl? Fühlen Sie sich ständig verurteilt oder werden Sie tatsächlich akzeptiert?

Ihre Freunde können Ihr Selbstwertgefühl mehr beeinflussen, als Ihnen klar ist. Daher sollten Sie sich der Gefühle der Menschen in Ihrer Umgebung bewusst sein. Wenn Sie sich in der Nähe von jemandem schlecht fühlen, sollten Sie sich nicht scheuen, die Beziehung zu diesem Menschen zu beenden.

Umgeben Sie sich stattdessen mit Menschen, denen Ihr Erfolg wirklich am Herzen liegt. Wenn Sie sich mit positiven, unterstützenden Menschen umgeben, können Sie Ihr Selbstvertrauen, Ihr allgemeines Wohlbefinden und Ihre Aussichten steigern. Selbstvertrauen und eine positive Grundhaltung gehen Hand in Hand.

### Kümmern Sie sich besser um Ihren Körper

Eine Möglichkeit, Ihr Selbstwertgefühl zu steigern, besteht darin, dass Sie aufhören, Ihrem Körper zu schaden, denn das führt nur dazu, dass Sie sich selbst schlecht fühlen. So sehr es heutzutage auch ein Schlagwort ist, Selbstfürsorge ist ein grundlegender Faktor für das Gleichgewicht Ihrer allgemeinen Gesundheit. Indem Sie sich um sich selbst kümmern, verbessern Sie Ihre emotionale, geistige und körperliche Gesundheit, was wiederum Ihr Selbstwertgefühl stärkt.

Sie können Ihr Selbstvertrauen stärken, indem Sie die folgenden Selbstfürsorgeroutinen anwenden:

### Ernährung

Eine gesunde Ernährung hat mehrere Vorteile, darunter ein gesteigertes Selbstwertgefühl und Selbstvertrauen. Der Verzehr von nährstoffreichen Mahlzeiten verbessert Ihre Gesundheit, Ihre Kraft und Ihr Energieniveau, was wiederum Ihr Selbstwertgefühl stärkt.

### Sport

Das Selbstwertgefühl steigt, wenn sich Ihr Körperbild verbessert. Körperliche Aktivität ist eine einfache Möglichkeit, das Selbstwertgefühl zu steigern; je mehr Sie sich bewegen, desto besser fühlen Sie sich.

### Meditation

Meditation ist eine angenehme Art, sich zu entspannen und hat mehrere Vorteile für das Selbstwertgefühl. Die ruhige Zeit kann zur Selbstbeobachtung genutzt werden, damit Sie sich selbst erkennen und akzeptieren. Meditation kann Ihnen auch dabei helfen, die widersprüchliche Stimme in Ihrem Kopf zum Schweigen zu bringen und sich von dem Strom bedeutungsloser Gedanken zu lösen, die Ihr Selbstvertrauen schmälern können.

### Schlaf

Schlafmangel wird sich negativ auf Ihre Stimmung auswirken. Ausreichender Schlaf wird dagegen mit optimistischeren Eigenschaften wie Enthusiasmus und Freude in Verbindung gebracht. Selbstfürsorge ist entscheidend für das Selbstwertgefühl.

### Stellen Sie sich Ihren Ängsten

Schieben Sie die Partnersuche oder die Jobsuche nicht auf, weil Sie unsicher sind. Wenn Sie sich Ihren Ängsten stellen und sie überwinden, können Sie sich in diesen Situationen sicherer fühlen.

Erkennen und benennen Sie einige der Ängste, die Sie bisher daran gehindert haben, Ihr volles Potenzial auszuschöpfen. Auch wenn Sie Angst haben, sich zu blamieren oder einen Fehler zu machen, sollten Sie es trotzdem versuchen. Ihre Zweifel können sich zu Ihren Gunsten auswirken und Ihnen sogar zu besseren Leistungen verhelfen.

Überzeugen Sie sich selbst davon, dass es nur ein Test ist, und beobachten Sie dann die Ergebnisse.

Vielleicht stellen Sie fest, dass Ihre Befürchtungen unbegründet waren oder dass ein paar Fehler nicht das Ende der Welt bedeuten. Und das Beste daran ist, dass Ihr Selbstwertgefühl mit der Steigerung Ihrer Leistung wächst. Letztlich könnte Angst Sie davon abhalten, Entscheidungen mit weitreichenden, möglicherweise lebensverändernden positiven Folgen zu treffen.

### Tun Sie, was Sie am besten können

Was passiert, wenn Sie sich auf Ihre Stärken konzentrieren? Ihr Selbstwertgefühl beginnt zu steigen. Wenn Sie sich auf Ihre Stärken konzentrieren, werden diese noch stärker, und Ihr Selbstvertrauen wächst. Ein weiterer Vorteil dieser Strategie ist eine höhere Lebenszufriedenheit.

Es besteht ein Zusammenhang zwischen dem Glauben an die eigene Leistungsfähigkeit (die Überzeugung, dass Sie Ihre Stärken ausbauen können) und der Freude. Und um diese Verbindung zu stärken, beginnen Sie damit, Ihre Stärken zu erkennen.

Wenn Sie eine Sportart besonders gut beherrschen, sollten Sie sie ein- oder zweimal pro Woche spielen oder trainieren. Konzentrieren Sie sich darauf, die Dinge, in denen Sie gut sind, auch am Arbeitsplatz öfter zu tun. Die Entwicklung Ihrer Fähigkeiten wird Ihnen helfen, Ihr Selbstvertrauen zu stärken.

### Meistern Sie die Kunst des Nein-Sagens

Das Selbstvertrauen kann durch die Teilnahme an Aktivitäten gestärkt werden, in denen Sie überragend sind, aber es ist auch notwendig, sich der Situationen bewusst zu sein, die es untergraben. Vielleicht haben Sie festgestellt, dass Sie sich bei einem bestimmten Hobby immer schlecht fühlen.

Sie haben das Recht, eine Einladung abzulehnen oder nicht an Aktivitäten teilzunehmen, die Ihr Selbstwertgefühl beeinträchtigen könnten. Sie sollten sich jedoch darüber im Klaren sein, dass das Erleben von Schmerz ein normaler Teil des Erlernens neuer Fähigkeiten und der Erweiterung Ihres Horizonts ist; meiden Sie daher Aktivitäten, die diesen Effekt haben, nicht völlig. Es ist zwar gut, wenn Sie an Ihre Grenzen gehen, aber es ist auch wichtig, Ihre Grenzen zu kennen und einen goldenen Mittelweg zu finden.

Wenn Sie sich gesunde Grenzen für Ihren emotionalen und sozialen Austausch setzen, erhöht dies Ihr Gefühl der geistigen Sicherheit. Es gibt Ihnen auch ein Gefühl der Kontrolle. Die Kontrolle über Ihr Leben zu haben, ist eine Schlüsselkomponente des Selbstbewusstseins. Grenzen tragen zu diesem Gefühl der Kontrolle bei.

Wenn Ihnen jemand etwas vorschlägt, das Ihnen unangenehm ist, lehnen Sie höflich ab. Sie müssen es auch nicht gänzlich vermeiden. Wenn Sie herausgefunden haben, wie Sie Ihr Selbstvertrauen verbessern können, werden Sie sich bereit fühlen, es noch einmal zu versuchen.

### Setzten Sie sich erreichbare Ziele

Wenn Sie Ihre Ziele verfolgen, gehört es dazu, dass Sie wahrscheinlich mehrmals scheitern werden, bevor Sie eine Strategie entdecken, die funktioniert. Das kann dazu führen, dass Sie an Ihren eigenen Fähigkeiten zweifeln. Wenn das passiert, fragen Sie sich vielleicht, wie Sie Ihr Selbstvertrauen stärken können, ohne Ihre Ziele zu gefährden. Die Antwort ist, sich realistische Ziele zu setzen und in kleinen Schritten darauf hinzuarbeiten.

Wenn Sie sich hochgesteckte Ziele setzen und diese nicht erreichen, sinkt Ihr Selbstvertrauen. Im Gegensatz dazu sind realistische Ziele greifbar. Je erfolgreicher Sie sind, desto mehr Vertrauen haben Sie in Ihre eigenen Fähigkeiten und Ihre Bedeutung, und desto größer können Ihre Ziele werden.

Indem Sie Ihre Ziele schriftlich festhalten, können Sie sicherstellen, dass sie nicht verloren gehen oder vergessen werden. Beurteilen Sie anschließend Ihre Erfolgsaussichten. Das Ziel könnte zu hochgesteckt sein, wenn Ihre Erfolgsaussichten gering sind. Verringern Sie es, um es realisierbar und umsetzbar zu machen.

### Zeigen Sie Selbstmitgefühl

Eine Möglichkeit, sich in Selbstmitgefühl zu üben, besteht darin, sanft mit sich selbst umzugehen, wenn Sie Fehler machen oder Ihre Ziele nicht erreichen. Wenn Sie lernen, flexibel mit Ihren Emotionen umzugehen und schwierige Situationen zu meistern, können Sie eine tiefere Verbindung zu sich selbst und anderen aufbauen.

Es gibt eine Verbindung zwischen Selbstmitgefühl und Selbstvertrauen. Wenn Sie wissen, dass Misserfolge oder Fehler normal und zu erwarten sind, fällt es Ihnen leichter, mit Widrigkeiten umzugehen, wenn sie das nächste Mal auftreten. Versuchen Sie, mit sich selbst mitfühlend umzugehen, während Sie diese Schwierigkeiten durchstehen.

### Positive Selbstgespräche

Wenn Sie sich sagen: „Ich schaffe das nicht", „Das ist zu schwierig" oder „Ich sollte es gar nicht erst versuchen", dann sagen Sie damit Ihrem Verstand, dass Sie es nicht schaffen und dass Ihre Fähigkeiten unzureichend sind. Positive Selbstgespräche können Ihnen helfen, sich selbst besser zu verstehen, was Ihr Selbstvertrauen stärkt und es Ihnen ermöglicht, größere Aufgaben zu übernehmen.

Wenn Sie das Gefühl haben, dass Sie nicht in eine Besprechung gehören, erinnern Sie sich daran, dass negative Gedanken nicht immer richtig sind. Der nächste Schritt ist zu lernen, wie Sie negative Selbstgespräche durch konstruktive Alternativen ersetzen können.

Ziehen Sie die folgenden Vorschläge in Betracht, um Ihr Selbstwertgefühl zu stärken, indem Sie negative Selbstgespräche bekämpfen:

Aus „Ich bin nicht stark genug" oder „Ich kann das nicht schaffen" wird „Ich habe nichts zu verlieren, wenn ich es versuche" oder „Ich habe alles zu gewinnen, wenn ich erfolgreich bin."

Das negative Selbstgespräch „Ich kann es nicht richtig machen" wird durch ein positives Selbstgespräch wie „Ich werde es besser machen" oder „Ich habe etwas gelernt" ersetzt.

### Entwickeln Sie Ihr Durchsetzungsvermögen

Wenn Sie durchsetzungsfähig sind, schätzen Sie die Bedürfnisse und Perspektiven anderer und setzen sich für sie ein, während Sie das Gleiche für sich selbst erreichen.

Eine Technik besteht darin, aggressive Menschen zu beobachten und ihre Handlungen bis zu einem gewissen Grad zu imitieren.

Sie sollten allerdings nicht so tun, als wären Sie jemand anderes. Stattdessen sollten Sie sich an Menschen orientieren, die Sie bewundern, und Ihr authentisches Selbst zum Vorschein kommen lassen.

### 50 einfache Wege, sich Respekt zu verschaffen und dabei selbstbewusst zu bleiben

Jeder wünscht sich Respekt, sei es von einem Vorgesetzten, einem Kollegen oder einem geliebten Menschen. Um sich diesen Respekt zu verdienen, muss man jedoch arbeiten. Sie müssen erst lernen, andere zu respektieren, bevor Sie erwarten können, dass man Ihnen vertraut.

Hier finden Sie eine umfassende Liste mit einfachen, aber effektiven Methoden, um sich Respekt zu verschaffen:

1. Geben Sie mehr als Sie nehmen. Respekt muss erst gegeben werden, bevor er empfangen werden kann.

2. Haben Sie Respekt vor sich selbst: Wahrer Respekt beginnt von innen.

3. Zeigen Sie Respekt: Respektieren Sie Ihre Umgebung.

4. Bewahren Sie Ihre Integrität: Ehrlichkeit ist das Fundament, auf dem Respekt aufgebaut ist.

5. Halten Sie Ihr Wort: Nur diejenigen, die ihre Versprechen halten, werden respektiert.

6. Schaffen Sie Mehrwert: Ihr Ruf wird sich verbessern, wenn Sie sich mehr um das Wohlergehen anderer kümmern.

7. Widerstehen Sie dem Drang, alles preiszugeben, was Ihnen in den Sinn kommt: Niemand muss wissen, was Sie denken. Um sich Respekt zu verschaffen, halten Sie die Dinge einfach.

8. Nehmen Sie Rücksicht auf die Gefühle der anderen: Sie sind genauso wichtig wie Ihre eigenen.

9. Halten Sie sich an die Fakten: Drücken Sie sich wahrheitsgemäß aus.

10. Achten Sie auf die Dinge, die wirklich wichtig sind: Verwenden Sie Ihre Zeit und Energie auf wichtige Dinge.

11. Treten Sie aus Ihrer Komfortzone heraus: Menschen bewundern diejenigen, die Risiken eingehen und neue Herausforderungen suchen.

12. Nehmen Sie Ihr Urteilsvermögen zurück: Rechnen Sie damit, kritisiert zu werden, aber urteilen Sie nicht über andere.

13. Setzen Sie Ihre Ideale in die Tat um: Reden Sie nicht nur über Ihre Ziele, sondern setzen Sie sie in die Tat um.

14. Seien Sie aufrichtig: Scheuen Sie sich nicht, Risiken einzugehen, die Dinge im Leben auf Ihre Weise zu tun und sich selbst treu zu bleiben.

15. Drücken Sie Dankbarkeit aus: Die am meisten bewunderten Menschen drücken ihre Dankbarkeit mit Klarheit und Positivität aus.

16. Seien Sie ehrlich und bleiben Sie diplomatisch: Es ist besser, ehrlich zu sein, als zu beeindrucken.

17. Behalten Sie eine positive Grundhaltung bei: Menschen schätzen Optimismus.

18. Bemühen Sie sich, wichtige Themen zu beeinflussen: Diejenigen, die erkennen, welche Kämpfe lohnenswert sind, werden bewundert.

19. Seien Sie neugierig: Stellen Sie offene Fragen und hören Sie zu.

20. Strengen Sie sich besonders an: Nehmen Sie andere mit. Übertreffen Sie alle Erwartungen.

21. Schaffen Sie Verbindungen: Schließen Sie sich mit Menschen zusammen, die Ihre Werte teilen.

22. Verstehen Sie Ihre Prioritäten: Bestimmen Sie die wichtigsten Aspekte Ihres Lebens, so dass Sie diese in den Vordergrund stellen können.

23. Nutzen Sie Ihre Sympathie: Unabhängig von Ihrer Position können Sie immer noch daran arbeiten, bedeutungsvolle Beziehungen zu Ihren Kollegen aufzubauen.

24. Sie sollten ein ausgezeichnetes Gedächtnis haben: Wenn Sie sich nach den wichtigen Ereignissen im Leben einer Person erkundigen, kann das zu starken positiven Reaktionen führen.

25. Geben Sie die Verantwortung ab, wenn es angebracht ist: Wenn Sie anderen erlauben, ihre Macht zu demonstrieren und sie dafür bewundern, werden sie sich revanchieren und Sie mehr respektieren.

26. Seien Sie motivierend: Menschen, die andere zu Großem inspirieren, werden im Allgemeinen am meisten respektiert.

27. Seien Sie immer pünktlich: Das zeigt Rücksichtnahme auf andere.

28. Denken Sie an die Zukunft: Denken Sie an andere Menschen und versuchen Sie herauszufinden, wie Sie ihnen helfen können, Antworten zu erhalten oder Änderungen vorzunehmen, die ihnen zugutekommen.

29. Äußern Sie sich: Respekt verdient man sich, indem man starke Meinungen und viele Ideen hat. Machen Sie nur keine große Sache daraus.

30. Bereiten Sie sich vor: Es zeugt von Respekt, wenn Sie wissen, was Sie von jeder Aufgabe, jedem Treffen oder jeder Diskussion erwarten können.

31. Scheuen Sie sich nicht zu fragen, wie Sie helfen können. Gehen Sie Menschen, die Probleme haben, nicht aus dem Weg. Selbst wenn sie Ihr Angebot ablehnen, werden Sie einen bleibenden Eindruck hinterlassen.

32. Geben Sie es zu: Seien Sie von Ihren Fähigkeiten überzeugt, ohne arrogant zu sein, und seien Sie stolz auf das, was Sie erreicht haben, ohne es zu verbergen.

33. Respektieren Sie die Würde der anderen: Diese grundlegende Einstellung ist von unschätzbarem Wert.

34. Entschuldigen Sie sich: Wenn Sie einen Fehler machen, entschuldigen Sie sich einfach.

35. Vertrauen Sie auf Ihren Instinkt: Es ist wichtig zu erkennen, wenn sich etwas falsch anfühlt.

36. Regen Sie sich nicht über triviale Details auf: Auch hier handelt es sich um Kleinigkeiten.

37. Verstehen Sie es, nein zu sagen: Der Respekt wächst, wenn man selbstbewusst nein sagen und erklären kann, warum.

38. Befolgen Sie einen Moralkodex: Legen Sie Ihre Werte fest und zeigen Sie sie dem Rest der Welt durch kleine Taten der Freundlichkeit und Ehrlichkeit.

39. Halten Sie sich immer an Fristen: Der beste Weg, Respekt zu zeigen, ist, Aufgaben effizient und pünktlich zu erledigen.

40. Erkennen Sie den Wert von Personen an, die schwer zu schätzen sind: Es ist nicht immer notwendig, das Verhalten einer Person zu respektieren, aber die Person zu respektieren schon.

41. Hören Sie sich verschiedene Standpunkte an: Hören Sie anderen aufmerksam zu und schätzen Sie unterschiedliche Standpunkte.

42. Seien Sie bereit, Zugeständnisse zu machen: Arbeiten Sie mit anderen zusammen, um eine Lösung zu finden, die für alle Beteiligten akzeptabel ist.

43. Verzichten Sie darauf, alles zu verraten: Es sind oft die Worte, die Sie nicht sagen, auf die es ankommt.

44. Wählen Sie Ihre Kämpfe weise: Es gibt Zeiten, in denen Sie Kompromisse bei Ihren Werten eingehen müssen, um die Harmonie zu erhalten.

45. Entscheiden Sie sich für den anspruchsvollen Weg: Setzen Sie sich täglich herausfordernde, aber erreichbare Ziele und treiben Sie sich an, sie zu erreichen.

46. Üben Sie aufrichtiges Zuhören: Aufmerksames Zuhören zeugt von Anteilnahme.

47. Verschwenden Sie niemals die Zeit anderer: Erkennen Sie die Bedeutung der Freizeit anderer an.

48. Übernehmen Sie Verantwortung: Übernehmen Sie die volle Verantwortung für alles, was Sie tun, sowohl persönlich als auch beruflich.

49. Ziehen Sie sich gut an: Menschen machen sich in Sekundenschnelle ein Bild.

50. Verstehen Sie Ihre Auslöser: Seien Sie sich darüber im Klaren, was Ihre Emotionen auslöst und lassen Sie sich nicht mitreißen.

Der erste Schritt zu einem bedeutungsvollen Leben besteht darin, das Selbstvertrauen und die Selbstsicherheit zu entwickeln, die notwendig sind, um effektiv mit anderen in Beziehung zu treten, sowie die Fähigkeiten, die erforderlich sind, um bedeutungsvolle Beziehungen aufzubauen.

# Kapitel 5: Steigern Sie Ihr Charisma und ziehen Sie die Blicke auf sich!

Charisma ist ein Persönlichkeitsmerkmal, von dem viele Menschen glauben, es sei angeboren. Manche Menschen werden jedoch mit dieser Eigenschaft geboren, andere nicht. Forscher haben bestätigt, dass Charisma, wie jede andere Persönlichkeitseigenschaft, erlernt und von jedem entwickelt werden kann, der dies für sich selbst wünscht. Manche Menschen sind charismatischer als andere, weil sie ihr Charisma bewusster entwickeln. Sie haben im Laufe der Zeit so konsequent gehandelt, dass es ein Teil von ihnen geworden ist. Da Sie Charisma kultivieren können, sollten Sie darüber nachdenken, wie Sie es für sich selbst einsetzen können.

Charismatische Menschen wissen, wie man den Blick auf sich zieht.
*https://unsplash.com/photos/RNiBLy7aHck*

Bevor wir jedoch dazu kommen, sollten Sie die folgenden Beweggründe für die Steigerung Ihres Charismas bedenken:

### Die Bedeutung der Steigerung Ihres Charismas

Im Folgenden finden Sie einige Vorteile, die sich aus dem Aufbau und der Entwicklung von Charisma ergeben.

### Mehr Menschen werden Sie mögen

Sie werden mehr Menschen anziehen, die Sie täglich unterstützen und ermutigen werden. Wenn Sie Ihr Charisma steigern, werden Sie von den Menschen mehr gemocht. Man bemerkt Ihr Selbstvertrauen in das, was Sie tun, Ihren Enthusiasmus und Ihren Mut im Umgang mit Menschen und möchte mit Ihnen in Verbindung gebracht werden. All dies ist möglich, weil Sie daran gearbeitet haben, Ihr Charisma so weit zu entwickeln, dass es spürbar ist.

### Sie können mühelos Unterstützung finden

Wenn Sie charismatisch sind, brauchen Sie bei Ihren zwischenmenschlichen Beziehungen keine Abstriche zu machen. Sie können sich effektiv und authentisch präsentieren und Menschen durch Ihre Worte, Handlungen und Körpersprache davon überzeugen, Sie zu unterstützen und auf Ihrer Seite zu stehen.

### Die Menschen werden sich für Ihre Sache engagieren

Charisma kommt Ihren zwischenmenschlichen Beziehungen zugute, denn Sie können Ihre Beziehungen zu Menschen länger aufrechterhalten. Menschen, die Ihr Charisma wahrnehmen, haben Vertrauen in Ihre Persönlichkeit und Ihr Verständnis für Ihre Einzigartigkeit. Diese Einzigartigkeit hält sie in Ihrer Nähe, denn es ist schön, jemanden zu finden, der Sie versteht und bei dem Sie sich wohlfühlen. Ihnen zuliebe engagieren sich diese Menschen für Ihr Anliegen und werden sogar zu dessen Fürsprechern. Dieses Engagement schafft einen Kreis von Menschen, die Ihnen gegenüber loyal und verpflichtet sind.

### Sie haben eine bessere Chance auf Erfolg

Wenn Sie sich aufgrund Ihres Charismas mit guten Menschen umgeben, werden Sie mehr erreichen und glücklicher sein. Wenn Sie gute Beziehungen um sich herum aufbauen, können Sie die Kräfte, die Zeit und die Kompetenz anderer leichter nutzen, als Sie es sonst tun würden. Sie werden feststellen, dass Sie nie allein sind, denn die Menschen sind immer bereit, Sie zu unterstützen.

Wie können Sie nun Ihr Charisma steigern, angesichts der Bedeutung, die dies hat? Im nächsten Abschnitt erfahren Sie die Geheimnisse, wie Sie Ihr Charisma entwickeln und die damit verbundenen Vorteile nutzen können.

### Wie Sie Ihr Charisma steigern können

Wir haben festgestellt, dass Charisma eine Charaktereigenschaft ist, die, wenn Sie es wünschen, erlernt und entwickelt werden kann. Hier sind einige Tipps, wie Sie Ihre Ausstrahlung steigern und die Aufmerksamkeit der Menschen auf sich ziehen können.

### Konzentriert bleiben

Um Ihr Charisma zu steigern, müssen Sie sich auf die anstehende Aufgabe konzentrieren. Ganz gleich, ob es sich um ein Gespräch mit einer Einzelperson, eine Präsentation vor einem Vorstand, ein Geschäftsgespräch oder einen Vortrag vor einem Publikum handelt, Sie müssen konzentriert bleiben und Ablenkungen vermeiden.

Wenn Sie sich auf den gegenwärtigen Moment konzentrieren, behalten Sie den Überblick über Ihre Worte und Handlungen und vermitteln Ihrem Publikum den Eindruck, dass Sie wissen, wovon Sie sprechen. Ganz gleich, ob Sie ein Date haben oder sich mit einem

Freund unterhalten, Sie müssen Ihrem Gegenüber zeigen, dass Sie ihm Ihre volle Aufmerksamkeit schenken.

Ein kleiner Akt der Freundlichkeit wie dieser gibt ihnen das Gefühl, dass sie in Ihre Gesellschaft gehören und sich wohl genug fühlen, um sich Ihnen gegenüber über Dinge zu öffnen, die sie sonst nicht angesprochen hätten. Die Menschen werden das Interesse an Ihrer Gesellschaft verlieren, wenn Sie diesen Charakterzug nicht an den Tag legen. Wenn Sie einer Person oder einer Gruppe von Personen nicht die volle Aufmerksamkeit schenken, werden diese es bemerken, weil Sie irgendwann den Überblick über das Gespräch verlieren und sie zwingen, sich zu wiederholen.

Eine Methode, um konzentriert zu bleiben, besteht darin, Fragen zu stellen, bei denen der Gesprächspartner einige Punkte ausführlicher erklären muss als andere. Das zeigt zunächst einmal, dass Sie geistig und emotional bei der Person sind, und ermöglicht es ihr, sich klar auszudrücken, so dass Sie keine Vermutungen anstellen müssen.

### Zeigen Sie Warmherzigkeit

Charismatische Menschen gelten im Allgemeinen als freundlich und zugänglich. Warmherzigkeit in der Kommunikation erhöht die Wahrscheinlichkeit, dass Menschen Ihnen vertrauen und Ihren Ansichten folgen.

Die Wirkung eines aufrichtigen Lächelns wird oft unterschätzt, dabei kann es einen großen Beitrag zur Verbreitung von Positivität leisten. Wenn Sie jemanden anlächeln, erwecken Sie den Eindruck, dass Sie freundlich und optimistisch sind - zwei Eigenschaften, die für Charme unerlässlich sind. Die Spiegelneuronen im Nervensystem werden aktiviert, wenn jemand lächelt, was dazu führt, dass die andere Person zurücklächelt.

### Leidenschaft ausdrücken

Einer der attraktivsten Aspekte von Charisma ist der ansteckende Enthusiasmus. Charismatische Menschen sind enthusiastisch und energiegeladen. Andere Menschen fühlen sich allein durch ihre Anwesenheit dazu veranlasst, etwas zu unternehmen.

Menschen sind sensibel für die Gefühle anderer. Starke Emotionen verbreiten sich wie ein Lauffeuer. Wenn Sie also mit jemandem zusammenarbeiten, der bei der Arbeit oft niedergeschlagen ist, wird sich auch Ihre Stimmung verschlechtern, wenn Sie nicht aufpassen. Ähnlich könnte es Ihnen gehen, wenn Sie sich mit jemandem unterhalten, der enthusiastisch und optimistisch ist.

## Handeln Sie klug

Klugheit zeigt sich darin, wie Sie sich geben - Ihre Kleidung, Ihr Aussehen, Ihr Auftreten, Ihre Herangehensweise an Probleme, Ihre Manierismen und Gesten. Klug zu sein bedeutet, dass Sie sich sowohl physisch als auch intellektuell ausdrücken. Wenn Sie sich um sich selbst kümmern, werden Sie sich gut fühlen, und das wird sich auch darin zeigen, wie andere Sie behandeln.

Klugheit ist in erster Linie eine Frage des Selbstbewusstseins. Wenn Sie klug aussehen wollen, sollten Sie immer einen angenehmen Gesichtsausdruck haben und niemals Anzeichen von Anspannung zeigen. Ihr Publikum wird kein Interesse an Ihren Sorgen haben und sich auch nicht sonderlich dafür interessieren. Bleiben Sie also fröhlich, und Sie werden mehr Menschen finden, die Ihnen den Rücken stärken und Sie unterstützen, einfach weil Sie charismatisch sind.

Sie glauben an sich und Ihre Fähigkeiten, und Ihr Verhalten spiegelt dies wider. Intelligente Menschen sind immer offen dafür, sich weiterzubilden und zu lernen, was es ihnen ermöglicht, sich immer weiter zu entwickeln.

## Aufmerksam zuhören

Aktives Zuhören bedeutet, dass Sie das, was Ihr Gegenüber sagt, in Echtzeit verarbeiten, dem Gespräch auf natürliche Weise folgen, die Fragen Ihres Gesprächspartners zur Kenntnis nehmen und sich gedankliche Notizen über das, was Sie beobachten, machen.

Ein aktiver Zuhörer beobachtet die Körpersprache des Sprechers, ein wesentlicher Aspekt eines jeden Gesprächs. Aufmerksam zu sein bedeutet auch, dass Sie nicht einfach nur zuhören, um so schnell wie möglich und oft defensiv zu reagieren. Statt darauf zu warten, dass Ihr Gesprächspartner zu Ende spricht, damit Sie Ihre Argumente vortragen können, sollten Sie auf das, was er gesagt hat, reagieren, es anerkennen und sich auf das Gesagte einlassen.

Es ist wichtig, dass Sie Ihrem Gesprächspartner versichern, dass Sie keine vorgefassten Meinungen über das haben, was er sagt. Dies stärkt sowohl Ihr eigenes Vertrauen als auch das des Redners.

## Lernen Sie, Geschichten zu erzählen

Das Erzählen von Geschichten macht das Sprechen in der Öffentlichkeit und die Teilnahme daran angenehmer und interessanter.

Es verbindet Ihre Zuhörer mit Ihnen, während Sie sprechen, egal ob es sich um ein großes Publikum, eine kleine Gruppe oder nur eine Person handelt. Wenn Sie Geschichten in Ihr Gespräch einbauen, bleibt es interessant. Wenn Sie Ihren Zuhörern helfen wollen, Ihre Botschaft besser zu verstehen und einen ernsten Moment in Ihren öffentlichen Auftritten aufzulockern, scheuen Sie sich nicht, auf persönliche Erfahrungen zurückzugreifen, seien es Ihre eigenen oder die von anderen.

Überlegen Sie, wie Sie Parallelen zwischen dem, worüber Sie sprechen, und aktuellen oder vergangenen Ereignissen ziehen können. Wenn Ihnen nichts einfällt, denken Sie sich ein paar fiktive Geschichten aus, um Ihren Standpunkt zu untermauern und Ihrem Publikum zu helfen, Sie besser zu verstehen.

Wenn Sie Ihren Standpunkt effektiv vermitteln wollen, verwenden Sie Beispiele aus dem wirklichen Leben. Anhand dieser Beispiele können Ihre Zuhörer Ihre Behauptungen überprüfen und sehen, was in ähnlichen Situationen passieren könnte.

### Seien Sie zielgruppenspezifisch

Seien Sie flexibel in Ihrer Kommunikation und Ihren Beziehungen. Sie müssen wissen, was in Ihrer Kommunikation und Ihren Beziehungen zu bestimmten Personen oder Gruppen funktioniert. Ihre Prinzipien sollten fest und streng sein, aber Sie sollten sie flexibel anwenden, denn unterschiedliche Personen oder Gruppen erfordern eine andere Herangehensweise bei Ihren Interaktionen mit ihnen. Wenn Sie lernen, verschiedene Strategien in Ihrer Kommunikation und in Ihren Beziehungen zu unterschiedlichen Zielgruppen anzuwenden, werden Sie im Umgang mit Menschen spezifischer und direkter sein. Diese Flexibilität stärkt Ihr Selbstvertrauen und damit auch Ihr Charisma.

Ein weiterer Vorteil ist, dass Sie lernen, nicht über Ihr Publikum zu sprechen. Es ist auch wichtig, dass Sie mit Ihrem Publikum in der Sprache sprechen, die es versteht. Die Sprache, die Sie mit Schülern verwenden, sollte sich von der Sprache unterscheiden, die Sie im Geschäftsleben mit Erwachsenen verwenden. Lernen Sie, die Worte und Handlungen zu verwenden, die Ihre Botschaft für jedes Publikum am besten vermitteln. Diese sprachliche Flexibilität wird dazu beitragen, die Kommunikation und die zwischenmenschlichen Beziehungen zu verbessern.

## Seien Sie achtsam

Ihre Fähigkeit, über das Gesagte hinaus zuschauen zu können, wird Ihnen helfen, Ihr Charisma zu verbessern. Achten Sie auf die Emotionen und die Körpersprache anderer Menschen, wenn Sie mit ihnen in Beziehung treten oder kommunizieren. Sie können zwischen den Zeilen ihrer Handlungen und Gesten lesen, was oft genauso aufschlussreich ist wie die Worte, die sie benutzen.

Um Ihr Charisma zu steigern, müssen Sie lernen, sehr aufmerksam zu sein. Beobachten Sie die Grundhaltung, das Temperament, die Emotionen und die Gesten der Menschen, während Sie kommunizieren. Wenn Sie diese Eigenschaft nutzen, steigern Sie Ihr eigenes Selbstwertgefühl und das der anderen. Wenn Sie an dieser Eigenschaft arbeiten, werden Sie in der Lage sein, Menschen zu verstehen, auch wenn diese nicht mit Ihnen sprechen oder Ihnen sagen können, was sie bedrückt.

Auf der anderen Seite müssen Sie Ihre Körpersprache beherrschen und sie in Ihren Beziehungen und Interaktionen mit anderen angemessen einsetzen. Wenn Sie Ihre Körpersprache richtig einsetzen, können Sie mit Ihren Worten und Handlungen die gleiche Botschaft vermitteln, ohne sich zu widersprechen.

Achten Sie darauf, dass Ihre Kommunikation und Ihre Körpersprache konsistent sind, um kein Misstrauen in den Herzen Ihrer Mitmenschen zu säen. Achten Sie darauf, dass Ihre Worte und Handlungen in der Kommunikation übereinstimmen.

Bewahren Sie stets ein selbstbewusstes Auftreten. Die Menschen bewundern Sie, wenn Sie selbstbewusst sind, denn das ist eine Eigenschaft, die sich viele wünschen.

## Merken Sie sich alles

Menschen wissen es zu schätzen, wenn Sie sich an frühere Interaktionen erinnern und diese bei späteren Treffen zur Sprache bringen. Dieser einfache Akt des Erinnerns steigert Ihr Charisma, denn er zeigt, wie sehr Sie die Interaktionen mit Ihren Gesprächspartnern schätzen, insbesondere die positiven. Es ist auch ein Mittel, das Ihnen mehr Respekt verschafft als vielen anderen. Deshalb sollten Sie sich vorrangig an Namen, freundliche Gesten, Loyalität, Ermutigung und Unterstützung von Menschen erinnern. Es kann auch notwendig sein, diese Dinge gelegentlich zu erwähnen, um die Wertschätzung für die betreffende Person auszudrücken.

Menschen freuen sich, wenn sie gewürdigt werden, und ein dankbares Herz zieht mehr Gefallen an. Ebenso schätzen es die Menschen, wenn Sie sich an ihren Namen erinnern, wenn Sie sie das nächste Mal sehen. Das gibt ihnen das Gefühl, geliebt und erwünscht zu sein und zeigt ihnen, dass Sie ihre Anwesenheit zu schätzen wissen.

Diese Art von aufmerksamen Gesten trägt dazu bei, starke Beziehungen aufzubauen, die wiederum Ihre Ausstrahlung stärken.

### Vermeiden Sie Beschwerden

Jeder macht schwierige Zeiten durch, aber nur derjenige, der sie ans Licht bringt, wird als negativ abgestempelt. Wenn Sie neue Leute treffen, versuchen Sie, Ihre Sorgen und Bedenken so gut wie möglich zu verbergen. Es ist kein charismatischer Charakterzug, dafür bekannt zu sein, dass man sich ständig beschwert. Dieses ständige Klagen wird sich negativ auf Ihr Selbstvertrauen auswirken, und die Leute werden Sie meiden.

Vielleicht haben Sie einige enge Freunde, mit denen Sie Ihre Sorgen besprechen und kreative Lösungen entwickeln können. Bemühen Sie sich, sie in diesem Kreis zu halten und nicht darüber hinaus. Bombardieren Sie Ihre Mitmenschen nicht ständig mit Ihren Sorgen. Das wird sie zermürben und Sie werden ihren Respekt verlieren. Denken Sie stattdessen über Lösungen für die Probleme nach und zeigen Sie den Menschen Ihren Wert und nicht Ihre Schwächen.

### Halten Sie den Kopf hoch

Diese Handlung hätte eigentlich ganz oben auf unserer Liste stehen sollen, aber da sie wie ein Klischee klingt, haben wir beschlossen, sie jetzt zu erwähnen. In der Tat ist es ein nobler Akt, den Kopf hoch erhoben zu halten, während Sie die Straße entlanggehen, mit einem Fremden sprechen, eine Präsentation halten oder vor einem Publikum sprechen. Es ist das erste Zeichen eines selbstbewussten Menschen, der andere dazu bringt, Sie zu respektieren.

Wenn Sie Ihren Kopf hochhalten, können Sie den Blickkontakt mit anderen Menschen aufrechterhalten, während Sie mit ihnen kommunizieren. Das ist eine wertvolle Fähigkeit. Wenn Sie den Blickkontakt aufrechterhalten, demonstrieren Sie Ihr Selbstvertrauen, was Ihrem Gegenüber zeigt, dass er Ihnen vertrauen kann.

Wenn Ihr Gegenüber sieht, dass Sie selbstbewusst auftreten, ist es leicht, ihn zu überzeugen und manches unangenehme Thema kann akzeptiert werden, wenn es richtig dargestellt wird. Dies gehört zum unausgesprochenen Teil des Gesprächs und Sie tun gut daran, dies bei anderen zu bemerken, wenn Sie mit ihnen interagieren. Diese Handlung mag anfangs schwierig sein, aber wenn Sie es immer wieder tun, werden Sie es lernen und immer öfter tun können.

## Machen Sie aufrichtige Komplimente

Üben Sie, anderen frei und aufrichtig ein Kompliment zu machen. Diese einfache Handlung mag unbedeutend erscheinen, aber sie steigert Ihr Charisma dramatisch. Komplimente sollten mit Enthusiasmus gemacht werden, denn sie stärken das Selbstwertgefühl Ihres Gesprächspartners.

Komplimente heben die Laune der Menschen. Ein Beispiel: Jemand kommt auf Sie zu, ist unsicher, wie er aussieht, weil er wahrscheinlich irgendwelche Probleme hat, und Sie sagen ihm sofort, wie schön oder gutaussehend er ist oder wie gut er gekleidet ist.

Das Erste, was Sie von einer solchen Person erwarten sollten, ist ein Lächeln, und Sie sollten sie dazu bringen können, sich zu entspannen und sich weniger Sorgen über das zu machen, womit sie gerade zu kämpfen hatte. Echte Komplimente zeigen anderen, wie viel Aufmerksamkeit Sie den Details über sie schenken.

Sprechen Sie über ihre Stimmungen, ihre Kleidung, ihr gutes Parfüm, ihr Make-up und ihren Gesichtsausdruck. Wenn die Menschen wissen, dass Sie diese Dinge bemerken, werden sie bei jedem Kontakt mit Ihnen begierig darauf sein, Ihre Gedanken zu hören. Dieses Verhalten macht Sie selbstbewusster, was Ihr Charisma steigert.

Wenn Sie Ihre Ausstrahlung steigern, kommen Sie schneller in die richtigen Kreise, als Sie es sonst tun würden. Wie in diesem Kapitel beschrieben, müssen Sie diese Fähigkeit erlernen und üben. Da es sich nicht um eine genetische Veranlagung handelt, können Sie sich selbst trainieren, um sympathischer zu wirken und davon in Ihren sozialen Interaktionen profitieren. Um dies zu erreichen, sollten Sie Ihrem Gegenüber immer zeigen, dass Sie anwesend sind, indem Sie ihm Ihre Aufmerksamkeit schenken. Konzentrieren Sie sich auf das Thema und vermeiden Sie Ablenkungen durch andere oder Ihre Geräte wie Telefone oder Computer. Um sich zu konzentrieren, sollten Sie diese ausschalten oder auf lautlos stellen. Machen Sie es sich bequem und demonstrieren Sie das bei jedem Gespräch. Die Menschen entspannen sich, wenn sie sehen, wie entspannt und wohl Sie sich fühlen, und das stärkt das Vertrauen in ihre Gesprächspartner. Zeigen Sie im Laufe des

Gesprächs, dass Sie aufmerksam zuhören, indem Sie in Abständen wiederholen, was die Person gesagt hat. Stellen Sie relevante Fragen, die es dem Gesprächspartner ermöglichen, das Gesagte zu verdeutlichen, nicken Sie gelegentlich mit dem Kopf und setzen Sie so viel Körpersprache wie möglich ein, um dem Gesprächspartner zu zeigen, dass Sie voll und ganz bei der Sache sind. Lernen Sie, den Worten Ihres Gesprächspartners zuzuhören, anstatt nur auf sie zu reagieren. Um ein guter Zuhörer zu sein, müssen Sie in der Lage sein, sich einfühlsam in den Sprecher hineinzuversetzen und seine Worte ohne vorgefasste Meinungen oder Vorurteile zu bewerten. Wenn Sie an der Reihe sind zu sprechen, versuchen Sie, einige Augenblicke anzuhalten, bevor Sie sprechen. So haben Sie Zeit, Ihre Gedanken zu sammeln, bevor Sie antworten.

Strahlen Sie immer Selbstvertrauen aus, indem Sie sich mit erhobenem Kopf bewegen oder sprechen. Seien Sie immer smart und lassen Sie die Leute Ihre Begeisterung sehen. Halten Sie gelegentlich Blickkontakt und lächeln Sie immer. Lernen Sie, anderen großzügig und aufrichtig Komplimente zu machen. Die Menschen wollen wissen, dass Sie sich wirklich um ihr Wohlergehen sorgen. Das können Sie zeigen, indem Sie sie über das, was sie sagen, hinaus beobachten.

Anhand der Mimik, der Gestik beim Sprechen, der Grundhaltung und sogar der Art und Weise, wie sie ihre Emotionen ausdrücken, können Sie eine Menge über eine Person erfahren. Achten Sie auf diese Anzeichen und passen Sie Ihre Körpersprache dem an, was Sie sagen. Wenn Sie Ihren Zuhörern Vertrauen einflößen, werden sie sich voll und ganz für Sie und Ihre Sache einsetzen. Wenn Sie die Gelegenheit haben, Menschen wieder zu treffen, erinnern Sie sich an sie und sprechen Sie sie mit ihrem Namen an, erinnern Sie sie an frühere Gespräche oder bemerken Sie etwas Auffälliges an ihnen, das Ihnen bei Ihrem ersten Treffen aufgefallen ist. Dadurch fühlen sie sich von Ihnen geschätzt und gewürdigt. Finden Sie heraus, wie Sie die Stimmung mit ein paar gut getimten Witzen und einer guten Geschichte auflockern können.

Bei der Kommunikation mit anderen ist es wichtig zu wissen, was für die jeweilige Person oder Gruppe am besten funktioniert. Wenden Sie nicht bei jedem, den Sie treffen, dieselbe Strategie an, denn sie funktioniert nicht immer. Lernen Sie außerdem, andere nicht mit Nörgeleien zu belasten. Zum einen können sie Ihnen nicht helfen und gehen Ihnen vielleicht aus dem Weg. Ständiges Jammern lässt Sie unglücklich erscheinen, was Ihrer Ausstrahlung schadet. Tun Sie Ihr

Bestes, um ein geschätzter Mensch zu sein und nicht jemand, der für sein Gejammer bekannt ist. Nehmen Sie sich die Zeit, diese Dinge zu studieren und in die Praxis umzusetzen. Sie mögen anfangs schwierig sein, aber je mehr Sie üben, desto einfacher werden sie und desto besser kommen Sie mit anderen Menschen zurecht.

# Kapitel 6: 14 psychologische Tricks um andere zu beeinflussen

Haben Sie Schwierigkeiten, Menschen dazu zu bringen, das zu tun, was Sie wollen? Haben Sie das Gefühl, dass jeder Ihren Ideen und Vorschlägen gegenüber abweisend ist? Manchmal haben wir das Gefühl, dass der beste Weg, andere dazu zu bringen, uns zuzuhören oder zu tun, was wir wollen, darin besteht, sie auszutricksen. Was wäre, wenn Sie einige Tricks kennen würden, die es uns leichter machen, von anderen zu bekommen, was wir wollen? Es stellt sich heraus, dass es die gibt, allerdings nicht auf die Art und Weise, wie Sie vielleicht denken.

In der Welt der Werbung, des Brandings und des Marketings werden subtile Techniken eingesetzt, um Menschen zum Kauf eines Produkts oder einer Dienstleistung zu überreden. Diese psychologischen Tricks werden eingesetzt, um Menschen zu beeinflussen, indem sie an grundlegende Instinkte und menschliches Verhalten appellieren. Sie umgehen logische Abwehrmechanismen und machen sich universelle Schwächen der menschlichen Natur zunutze, wie z.B. irrationale Ängste, die Liebe zu Neuem und die Neigung, sozialen Normen zu folgen.

Es gibt einige Tipps und Tricks, die Ihnen helfen, die Aufmerksamkeit anderer zu gewinnen.
*https://unsplash.com/photos/LQ1t-8Ms5PY*

Es klingt unethisch und hinterhältig, und manchmal ist es das auch. Aber in Wirklichkeit gibt es viele nützliche psychologische Tricks, die Menschen positiv beeinflussen. Auch Sie können diese Techniken (auf ethische Weise) erlernen, wenn Sie jemanden auf Ihre Seite bringen müssen. Dieses Kapitel befasst sich mit 14 verschiedenen Möglichkeiten, wie Sie die Psychologie einsetzen können, um andere Menschen zum Besseren zu beeinflussen, und wie psychologische Tricks tatsächlich funktionieren. Dies sind keine Manipulationstechniken - aber es sind Strategien, die jeder zu Hause oder am Arbeitsplatz mit hervorragenden Ergebnissen anwenden kann.

## Was sind psychologische Tricks?

Psychologische Tricks sind eine Sammlung von Techniken, die eingesetzt werden können, um die Gedanken, Gefühle oder das Verhalten einer Person zu beeinflussen. Sie können in verschiedenen Situationen eingesetzt werden, z.B. um die Handlungen anderer zu beeinflussen oder um Ihr eigenes Verhalten und Denken zu ändern. Es gibt sie in vielen verschiedenen Formen. Bei einigen geht es um soziale Beeinflussung, z.B. um die Beeinflussung von Menschen durch Macht, Autorität oder Beliebtheit. Andere Tricks beruhen auf kognitiven Verzerrungen, wie z.B. der Verankerung und dem sozialen Beweis.

Psychologische Tricks können zu guten oder zu unlauteren Zwecken eingesetzt werden. Sie können von denjenigen eingesetzt werden, die Gutes tun wollen, indem sie z.B. positives Verhalten fördern oder Menschen helfen, Widrigkeiten zu überwinden. Sie können aber auch von anderen eingesetzt werden, die vielleicht Schlechtes tun wollen, z.B. indem sie Menschen dazu manipulieren, etwas zu tun, was sie nicht tun wollen, oder indem sie sie dazu bringen, eine schlechte Entscheidung zu treffen, die zu negativen Konsequenzen führt.

Wenn Sie psychologische Tricks anwenden, müssen Sie sich genau überlegen, was Sie erreichen wollen und wie sich Ihre Handlungen auf andere auswirken könnten. Sie sollten sich auch darüber im Klaren sein, dass es keine Einheitslösung für die Beeinflussung anderer gibt - jede Situation ist anders, also müssen Sie Ihren Ansatz entsprechend anpassen.

### Wie kann ich Menschen mit psychologischen Tricks dazu bringen, mich zu mögen?

Wenn Sie eine Person zum ersten Mal treffen, gibt es bestimmte Dinge, auf die Sie achten. Zum Beispiel, wie er aussieht und ob er interessant oder sympathisch wirkt. Genauso wollen wir alle sehen, was andere für uns empfinden. Hier kommt die Idee der Sympathie ins Spiel. Die Menschen wollen von anderen gemocht werden, weil sie sich dann gut fühlen und dazugehören. Beliebt ist man, wenn man so tut, als käme man gut miteinander aus und wenn man positive Emotionen wie Freude, Glück, Aufregung und Intelligenz zeigt. Was können Sie also tun, um sich sympathischer zu machen? Nun, mit psychologischen Tricks können Sie herausfinden, was Sie in jeder Situation tun müssen, genauer gesagt, wie Sie sich verhalten sollten. Lächeln Sie zum Beispiel öfter und nutzen Sie Ihre Körpersprache, um sich sympathischer zu machen. Oder zeigen Sie Ihre wahren Emotionen - das wird dazu beitragen, dass man Ihnen mehr vertraut und Sie schneller mag!

### 14 Psychologische Tricks zur Beeinflussung von Menschen

Psychologische Tricks zur Beeinflussung von Menschen zu kennen, ist eine gute Idee, denn sie können Ihnen helfen, überzeugender zu sein, wenn Sie versuchen, jemanden dazu zu bringen, das zu tun, was Sie wollen oder Sie zu mögen. Diese Art von Wissen kann Ihnen auch helfen, schlechte Entscheidungen zu vermeiden, die schwerwiegende Folgen haben könnten. Es gibt viele verschiedene Arten von psychologischen Tricks, die man nicht alle kennen kann. Sie können jedoch ein besseres Verständnis für die wichtigsten bekommen. So wissen Sie, worauf Sie im Umgang mit anderen achten müssen. Wenn Sie die wichtigsten Arten von psychologischen Tricks kennen, können Sie die Kontrolle über die Situation gewinnen und ihre Auswirkungen auf Ihr Leben begrenzen.

### 1. Bauen Sie Vertrauen auf, bevor Sie Ihre Erwartungen offenbaren

Wenn Sie kein Vertrauen haben, ist es unwahrscheinlicher, dass die Menschen Ihren Bitten nachkommen.

- Eine Möglichkeit, Vertrauen aufzubauen, besteht darin, jemandem ein Geschenk machen oder einen Gefallen zu tun. Ein Geschenk kann so etwas Kleines sein wie eine Tasse Kaffee oder ein Stift. Mit einem Geschenk zeigen Sie, dass Sie vertrauenswürdig sind und dass Sie sich kümmern.

- Eine weitere Möglichkeit, Vertrauen zu schaffen, besteht darin, eine legitime Autorität einzusetzen. Ein Beispiel dafür ist, wenn jemand zum Arzt geht und um Rat fragt. Der Titel und der Beruf des Arztes schaffen Vertrauen.

- Eine weitere Möglichkeit, Vertrauen aufzubauen, besteht darin, die richtige Sprache zu verwenden. Wenn Sie jemanden überzeugen wollen, verwenden Sie den Namen der Person und sprechen Sie sie ausdrücklich an.

### 2. Verwenden Sie die Fuß-in-die-Tür-Technik

Mit dieser Technik fragen Sie nach einer kleinen Verbindlichkeit, bevor Sie um eine größere Verbindlichkeit bitten. Wenn Sie zum Beispiel etwas verkaufen wollen, bitten Sie zunächst um eine kleine Form der Zusage, z.B. die E-Mail-Adresse der Person. Nachdem Sie eine kleine Zusage erhalten haben, können Sie um eine größere Zusage bitten. Bevor Sie diese Bitte stellen, müssen Sie jedoch eine Gegenleistung erbringen. Sie müssen der Person das Gefühl geben, dass sie für ihr Engagement einen Wert erhalten hat. Wenn Sie Menschen dazu bringen wollen, für eine Sache zu spenden, müssen Sie sie dazu bringen, sich für einen Newsletter oder eine Mailingliste einzutragen. Wenn Sie möchten, dass jemand für jemanden stimmt, bringen Sie ihn dazu, zuerst einen Aufkleber auf sein Auto zu kleben oder ein T-Shirt zu tragen.

### 3. Nutzen Sie Reziprozität, um Zustimmung zu erzeugen

Reziprozität ist die Regel, dass Menschen sich verpflichtet fühlen, einen Gefallen zu erwidern. Wenn Sie möchten, dass jemand mit Ihrer Aussage oder Ihrer Bitte einverstanden ist, geben Sie ihm zuerst etwas. Die häufigste Art, diese Technik anzuwenden, ist, Menschen ein Geschenk zu machen, bevor Sie sie um etwas bitten. Ein Beispiel: Sie sind auf einem Fachkongress. Sie sprechen eine Person an und bitten sie, Ihr Produkt auszuprobieren. Die Person lehnt Ihr Angebot ab. Sie können dieser Person ein Geschenk machen, z.B. einen Stift oder einen Schlüsselanhänger. Nach dem Geschenkaustausch können Sie die Person bitten, Ihr Produkt auszuprobieren. Manchmal muss man etwas geben, um etwas zu bekommen.

### 4. Nutzen Sie die Macht der Sprache und der Worte

Um jemanden zu überzeugen, müssen Sie eine Sprache verwenden, die die Emotionen der Person beeinflusst. Die mächtigsten Worte sind diejenigen, die starke Emotionen hervorrufen. Dazu gehören Wörter wie *kostenlos, neu, gewinnen, einfach, das Neueste* und *aufregend*. Wenn Sie jemanden überzeugen wollen, müssen Sie Wörter verwenden, die positive Emotionen hervorrufen. Wenn Sie einen überzeugenden Aufsatz schreiben müssen, müssen Sie überzeugende Wörter und Sätze verwenden. Sie müssen über die grundlegenden Worte hinausgehen und Wörter verwenden, die eine überzeugende Wirkung haben.

### 5. Behandeln Sie andere Menschen so, wie Sie selbst behandelt werden möchten

Die Theorie der Selbstbestätigung besagt, dass Menschen sich eher zu anderen hingezogen fühlen, die im Unterbewusstsein die gleichen Gefühle für sie hegen wie sie selbst.

Diese Theorie erklärt, warum Menschen sich unbewusst dafür entscheiden, ihre Überzeugungen zu bewahren und an ihren bestehenden Ansichten und Meinungen festzuhalten, ganz gleich, wie viele Beweise diesen Ansichten und Meinungen widersprechen.

Nehmen wir zum Beispiel an, Sie glauben, dass jeder recyceln sollte. In diesem Fall werden Sie eher nach Beweisen für Recycling im Umfeld suchen als jemand, der nicht recycelt. Wir suchen selektiv nach Informationen, die unsere Überzeugungen bestätigen, während wir widersprüchliche Beweise ignorieren.

Diese Theorie besagt auch, dass Menschen Informationen von anderen suchen, die ihre Überzeugungen und Wahrnehmungen bestätigen. Nehmen wir zum Beispiel an, eine Person glaubt, dass sie intelligent ist. In diesem Fall wird sie nach Informationen oder einer anderen Person suchen, die diese Überzeugung bestätigen, und Informationen vermeiden, die darauf hindeuten, dass sie es nicht sind. Ein Artikel, der 2021 in der University of California Press veröffentlicht wurde, legt nahe, dass die Selbstbestätigung funktioniert, weil wir eher bereit sind, jemandem zu vertrauen, der sich genauso verhält wie wir selbst.

## 6. Gemeinsame Werte schaffen

Die Betonung gemeinsamer Werte ist nicht nur eine nette Art zu sagen: „Wir sind uns ähnlich". Das Fehlen gemeinsamer Werte oder zumindest eine starke Meinungsverschiedenheit was Werte angeht, kann ein Hindernis dafür sein, andere Menschen dazu zu bringen, Sie zu mögen. Zudem sind schlechte Beziehungen einer der Hauptgründe dafür, dass Menschen nicht das bekommen, was sie von einem anderen Menschen wollen. In der National Library of Medicine veröffentlichte Forschungsergebnisse deuten darauf hin, dass gemeinsame Werte eine wichtige Rolle bei der Steuerung des Verhaltens spielen, weil sie eine Bindung schaffen. Aber Menschen mit unterschiedlichen Werten werden sich nicht darauf einigen, wie sie gemeinsame Ziele erreichen können. Sie können sogar gegensätzliche Ziele haben. Wenn dies oft genug vorkommt, kann dies zu einer toxischen Beziehung führen, die Zeit und Energie verschlingt, ohne zu Fortschritten zu führen.

Um ähnliche Werte zu schaffen, können Sie damit beginnen, herauszufinden, woran andere Menschen glauben und zu dem stehen, was sie am meisten schätzen. Fragen Sie sie dann, wie Sie ihnen helfen können, dieselben Werte zu verfolgen. Wenn Menschen Ihre Werte teilen, sind sie eher bereit, zuzuhören und neue Ideen von anderen zu akzeptieren. Auf diese Weise bauen sie Vertrauen und Respekt füreinander auf.

## 7. Führungspersönlichkeiten sind warmherzig und kompetent

Wie die Harvard Business Review hervorhebt, wird in den Schulungsprogrammen von Unternehmen und CEOs darauf hingewiesen, dass Wärme und Kompetenz helfen, das Vertrauen der Mitarbeiter zu gewinnen. Wenn Menschen freundlich und ansprechbar sind, fühlen sie sich wohl. Die Menschen vertrauen ihnen und wollen ihnen folgen.

Zu den üblichen Attributen dieser Eigenschaften gehören:

- Vertrauen aufbauen, indem man aufrichtig und authentisch ist.

- Sie sind sich darüber im Klaren, was sie wollen, und stellen sicher, dass jeder die Ziele und Erwartungen kennt.

- Sie sind ehrlich und offen und suchen immer nach Möglichkeiten, Dinge zu verbessern.

- Sie sind entschlossen und treffen Entscheidungen ohne zu zögern, sind aber auch in der Lage, sich an veränderte Situationen anzupassen, wenn diese entstehen.

- Sie verfügen über ein hohes Maß an Einfühlungsvermögen, verstehen, wie sich andere Menschen fühlen, und denken darüber nach, wie sich ihre Entscheidungen auf andere auswirken werden.

- Sie sind visionär, schauen immer voraus, was als Nächstes getan werden muss, antizipieren zukünftige Herausforderungen und finden Wege, diese zu bewältigen.

## 8. Seien Sie freundlich zu anderen, indem Sie ihnen Komplimente machen

Spontane Eigenschaftsübertragung bezieht sich auf die Übertragung der Charaktereigenschaften einer Person von einer Person auf eine andere. Es handelt sich dabei um eine Form der sozialen Beeinflussung, die zwischen Personen stattfinden kann, die sich in irgendeiner Weise nahestehen, wie z.B. Familienmitglieder oder Freunde. Die spontane Eigenschaftsübertragung wurde unter vielen Umständen beobachtet, darunter Adoption, gemeinsame Lebenssituationen und gemeinsamer Schulbesuch. Bei Personen mit ausgeprägten zwischenmenschlichen Fähigkeiten ist die Wahrscheinlichkeit höher, dass eine spontane Eigenschaftsübertragung auftritt, was darauf hindeutet, dass sie mit Empathie zusammenhängen könnte. Eine von Forschern der National Library of Medicine durchgeführte Studie, die sich mit dem Phänomen der spontanen Eigenschaftsübertragung befasste, bestätigte, dass spontane Eigenschaftsübertragung die unbewusste Tendenz einer Person ist, ihre Gefühle und Grundhaltungen auf die gleiche Weise auszudrücken wie bestimmte andere Menschen, die sie kennen. Mit anderen Worten, es handelt sich darum, dass jemand unbewusst die Eigenschaften einer anderen Person annimmt.

Um dies aus der Perspektive der Beeinflussung anderer Menschen zu betrachten. Wenn Sie sich gegenüber jemandem positiv ausdrücken, werden die gleichen positiven Eigenschaften von anderen Menschen in Ihnen gesehen. Wenn Sie z.B. jemandem ein Kompliment machen, überträgt derjenige die gleiche positive Einstellung auf Sie und gibt Ihnen damit das Gefühl, dass Sie der gleichen Komplimente würdig sind.

## 9. Seien Sie öfter in der Nähe der Person

Eine akademische Theorie besagt, dass der häufige Kontakt mit einem Objekt, einer Person, einer Aktivität oder einem Geräusch dazu führen kann, dass Menschen diesen Reiz als attraktiver empfinden. Dieser Effekt wird in BMC Psychology als *mere-exposure effect* bezeichnet. Der Mere-Exposure-Effekt ist ein psychologisches Phänomen, das sich auf die Tendenz von Menschen bezieht, Dinge mehr zu mögen, nachdem sie sie öfter gesehen haben. Der Mere-Exposure-Effekt kann in einer Reihe von Bereichen beobachtet werden, darunter Werbung und Musik. In der Musik zum Beispiel werden die Lieblingssongs der Menschen oft beliebter, nachdem ihre Lieblingskünstler sie in Fernsehshows oder im Radio gespielt haben.

Wenn man mehr Zeit mit jemandem verbringt, kann das dazu führen, dass man diese Person mag. Das ist eigentlich nicht überraschend. Schließlich sind wir soziale Tiere, und Zeit mit anderen zu verbringen ist eine der wichtigsten Möglichkeiten, unsere Überlebenschancen zu erhöhen. Wenn wir also mehr Zeit mit jemandem verbringen, entwickelt er wahrscheinlich ein stärkeres Gefühl der Vertrautheit und des Komforts in unserer Nähe. Dies kann schließlich zu Gefühlen der Sympathic im Gegenzug führen. Eine Möglichkeit, die Chancen dafür zu erhöhen, besteht darin, sich zu bemühen, regelmäßig Zeit mit Menschen zu verbringen. Sie müssen nicht jeden Abend etwas trinken gehen - sorgen Sie einfach dafür, dass Sie jeden Tag etwas Zeit mit anderen Menschen verbringen.

## 10. Zeigen Sie positive Emotionen

Positive Emotionen sind attraktiv und können Sie sympathischer machen. Dinge wie Freude, Aufregung, Glück und Begeisterung sind allesamt positive Emotionen. Wenn Sie diese Gefühle empfinden, zeigt sich das in Ihrer Körpersprache. Wenn Sie zum Beispiel lächeln, wenn Sie sich mit jemandem unterhalten, wird Ihr Gegenüber wahrscheinlich spüren, dass Sie glücklich und freundlich sind. Wenn Sie positive Emotionen empfinden, können Sie auch optimistischer in die Zukunft blicken. Dieser Optimismus kann Ihnen helfen, das Leben mit einem Gefühl der Freude und Positivität anzugehen. Wenn Sie positive Emotionen empfinden, zeigt sich das auch in Ihrer Körpersprache. Das steigert Ihr Selbstvertrauen und sorgt dafür, dass andere Menschen sich gerne in Ihrer Nähe aufhalten.

Die National Library of Medicine hat einen Artikel veröffentlicht, der die Rolle der positiven Emotionen in der Psychologie untersucht. Im Grunde genommen sind positive Emotionen ansteckend. Wenn Sie sich gut fühlen, fühlen sich auch andere gut. Seien Sie glücklich, lächeln und lachen Sie, damit auch andere lächeln und lachen. Ermutigen Sie Menschen mit positiven Worten wie *gute Arbeit* oder *schöne Frisur*, damit sie sich gut fühlen und Vertrauen aufbauen. Wenn Sie hingegen niedergeschlagen oder verärgert sind, ist es für andere schwer, diese Stimmung zu kompensieren. Wenn Sie also eine negative Bemerkung machen wollen, behalten Sie sie am besten für sich.

## 11. Gehen Sie offen mit Ihren Schwächen um

Die Offenlegung Ihrer Schwächen ist einer der besten Wege, damit man Sie mag. Wenn es den Menschen schwerfällt, eine Verbindung zu jemandem herzustellen - und sie dann die Schwächen dieser Person sehen -, sind sie vielleicht eher bereit, eine Chance zu ergreifen, denn Schwächen machen Sie zu einer echten und sympathischen Person. Außerdem werden sie eher Mitleid mit Ihnen haben und Ihnen in irgendeiner Weise helfen wollen. Das gilt besonders, wenn sie ähnliche Probleme haben. Außerdem kann es dazu führen, dass man Sie eher mag und Ihnen vertraut. Wenn Sie Ihre Schwächen offenbaren, bedeutet das allerdings nicht, dass jeder alles über Sie wissen muss. Sie können sich dafür entscheiden, nur bestimmte Dinge zu zeigen oder Dinge mit bestimmten Personen zu teilen. Wenn Sie zum Beispiel wissen, dass jemand bei der Arbeit mit etwas zu kämpfen hat, erwähnen Sie, dass auch Sie mit derselben Sache zu kämpfen haben. Das schafft ein Gefühl der Kameradschaft. Diese Technik ist besonders nützlich für diejenigen, die bereits eine Führungsrolle innehaben. In der Psychologie nennt man sie den Pratfall-Effekt. Es wurde festgestellt, dass hochkompetente Menschen sympathischer sind, wenn sie einen Fehler machen.

## 12. Seien Sie verletzlich

Wenn Sie verletzlich sind, macht Sie das sympathischer, denn es zeigt, dass Sie bereit sind, sich zu öffnen. Indem Sie Ihre Vergangenheit offenbaren, zeigen Sie auch, dass Sie Vertrauen und Einfühlungsvermögen für andere Menschen haben. Dadurch fühlen sich die Menschen mehr mit Ihnen verbunden und werden Sie eher mögen. Um verletzlich zu sein, müssen Sie ehrlich sein. Unwahrheiten werden bei anderen ein ungutes Gefühl hervorrufen, also vertrauen Sie am besten auf Ihr Bauchgefühl. Das kann anfangs schwer sein, aber mit etwas Übung wird es leichter. Um andere mit dieser Eigenschaft zu beeinflussen, seien Sie ehrlich und im Einklang mit Ihren Gefühlen. Zeigen Sie, dass Sie offen und ehrlich über Ihre Gefühle, Ängste und Sorgen sprechen können. Wenn Sie verletzlich sind, werden Sie mit größerer Wahrscheinlichkeit als sympathisch und vertrauenswürdig wahrgenommen.

### 13. Die Psychologie der Berührung

Es ist wirklich so einfach, wie es klingt. Wenn Sie jemanden berühren, zeigt das, dass Ihnen etwas an ihm liegt, und die Person fühlt sich wohler dabei, sich Ihnen zu öffnen. Tatsächlich sind Berührungen eine der effektivsten Methoden, um Menschen das Gefühl zu geben, Ihnen nahe zu sein und eine Verbindung aufzubauen. Das liegt daran, dass körperlicher Kontakt die Glücksbotenstoffe Serotonin, Oxytocin und Dopamin in Ihrem Gehirn freisetzt. Das kann so einfach sein wie ein sanfter Schulterklopfer oder ein Streichen über den Rücken. Es ist bekannt, dass unterschwellige Berührungen Gefühle von Ruhe, Entspannung und Wohlbefinden auslösen.

Es gibt zwar einige Situationen, in denen Berührungen unangebracht sind, wie z.B. bei der Arbeit im Büro oder im beruflichen Umfeld, aber im Allgemeinen ist es eine gute Möglichkeit, eine Beziehung zu anderen Menschen aufzubauen, aber denken Sie daran, dass Berührung nicht gleichbedeutend mit Anfassen ist! Es ist in Ordnung, leicht die Hand zu halten, Arme oder Schultern zu berühren oder jemandem die Hand auf den Rücken zu legen, um zu zeigen, dass Sie offen für ein Gespräch sind und dass Ihnen das Wohlbefinden der Person am Herzen liegt.

### 14. Spiegeln Sie andere

Unter Spiegeln versteht man in der Psychologie das bewusste Anpassen des Verhaltens, der Gedanken und der Gefühle einer anderen Person, um zu reflektieren, was die andere Person gerade tut oder fühlt. Es ist eine Form der emotionalen Ansteckung, bei der der emotionale Zustand einer Person die andere Person beeinflussen kann. Wenn wir eine andere Person spiegeln, nehmen wir ihre Signale auf und folgen ihr, indem wir tiefes Einfühlungsvermögen und Verständnis für ihre Gedanken und Gefühle zeigen. Indem wir andere spiegeln, lassen wir sie wissen, dass sie sie selbst sein können und zeigen ihnen, dass wir uns um sie kümmern. Dadurch kann ein Gefühl der Verbundenheit mit der Person entstehen, weshalb diese Methode häufig in der Therapie eingesetzt wird. Eine positive Interaktion, die beziehungsorientiert gespiegelt ist, kann zu gegenseitigem Verständnis, Nähe, Vertrauen und neuen Beziehungen führen.

Wenn Sie verstehen, wie Menschen ticken, können Sie verschiedene Techniken anwenden, um sie zu Handlungen zu bewegen, die sie andernfalls nur zögernd durchführen würden. Gewinnen Sie ihr Vertrauen, um den wahrgenommenen Wert von Ihnen oder Ihrer Idee zu steigern und die Unterstützung dafür zu erhöhen.

Der Einsatz psychologischer Tricks hat viele Vorteile, die über den Aufbau einer Beziehung zu Ihrem Publikum hinausgehen. Sie können Ihnen zum Beispiel helfen, Empathie zu entwickeln. Wenn Sie sich die Probleme anderer Menschen genauer ansehen, können Sie besser verstehen, warum sie sich für Sie oder Ihre Dienstleistung interessieren könnten. Gleichzeitig haben Sie die Möglichkeit, sich in die Lage der Betroffenen hineinzuversetzen und die Dinge aus ihrer Perspektive zu sehen. So fällt es Ihnen leichter, sich in die Menschen hineinzuversetzen und ihnen zu zeigen, dass Sie sich für sie interessieren.

# Kapitel 7: Die Kunst des unvoreingenommenen Zuhörens

Wenn Sie die Fähigkeit des aufmerksamen Zuhörens beherrschen, werden Sie in vielen Bereichen des Lebens erfolgreich sein, von der Schule und der Arbeit bis hin zu Beziehungen und Freundschaften. In diesem Kapitel geht es um den Wert guter Zuhörfähigkeiten, um die Herausforderungen bei der Entwicklung solcher Fähigkeiten, um Strategien dafür und um Techniken, um mit voller Aufmerksamkeit zuzuhören. Sie werden auch lernen, wie Sie nicht wertendes Zuhören üben können.

Jeder, von Ihrem engsten Freundeskreis und Ihrer Familie bis hin zu Ihren Mitarbeitern und den Menschen, denen Sie auf der Straße begegnen, wird von einer klaren und effektiven Kommunikation profitieren. Es ist wichtig, konsequent zu sein, aber ebenso wichtig ist es, sich daran zu erinnern, dass Menschen unterschiedlich kommunizieren.

Ein aufmerksamer Zuhörer zu sein ist eine Fähigkeit, die Ihnen helfen wird, das Vertrauen anderer zu gewinnen.

*https://unsplash.com/photos/Sp1uQo368fA*

Zuhören, ohne zu urteilen, ist eine Fähigkeit, die Fachleute für psychische Gesundheit und Berater in ihrem Studium erlernen. Obwohl die Ausbildung in diesem Bereich in letzter Zeit auch auf psychosoziale Ersthelfer ausgeweitet wurde, wird es immer wichtiger, dass wir alle wissen, wie wir effektiv zuhören können, ohne zu urteilen.

Zu verstehen, wie wichtig es ist, wertfrei zuzuhören, ist sowohl in Notfällen (z.B. wenn Sie jemanden von seinen Selbstmordgedanken abbringen wollen) als auch im täglichen Umgang mit Menschen, die emotionale Schmerzen haben, unerlässlich.

Die Kunst des unvoreingenommenen Zuhörens kann verhindern, dass sich die psychische Krise einer Person verschlimmert, indem man ihr hilft, die Hilfe zu bekommen, die ihr Leben verändern könnte.

### Aktives Zuhören: Was bedeutet das?

Aktives Zuhören will gelernt sein, denn es ist keine Selbstverständlichkeit. Die einzige Möglichkeit, es zu beherrschen, besteht darin, Zeit und Mühe zu investieren, um es zu lernen und es regelmäßig anzuwenden.

Wenn wir aktiv zuhören, achten wir genau darauf, was die andere Person sagt, und nehmen es auf, ohne uns eine eigene Meinung zu bilden.

## Was ist wertefreies Zuhören?

Wertfreies Zuhören bedeutet, dass wir zuhören, ohne zu urteilen, und dass wir in der Lage sind, beim Zuhören unsere Gefühle von einem Thema zu trennen.

Jeder Mensch hat einen Bezugsrahmen - eine Reihe von mentalen Ankern, auf deren Grundlage wir Entscheidungen treffen. Der Ausdruck *Bezugsrahmen*, der erstmals von Aaron und Jacqui Schiff verwendet wurde, beschreibt die einzigartige Perspektive, durch die jeder von uns die Welt wahrnimmt.

Bildung, persönliche Erfahrungen und Ansichten sind nur einige der Komponenten, die Ihren einzigartigen Bezugsrahmen ausmachen.

Ohne sich dessen bewusst zu sein, prägt Ihr Bezugsrahmen die Art und Weise, wie Sie die Welt betrachten, und es kann schwierig sein, objektiv zu bleiben und Ihre Gedanken und Meinungen zu kontrollieren, wenn Sie mit etwas konfrontiert werden, das Ihren Grundüberzeugungen widerspricht.

Eines der wichtigsten Dinge, die wir tun können, um zu verstehen, wie wir mit Empathie zuhören können, ohne zu urteilen, ist zu lernen, wie wir uns von diesem Bezugsrahmen lösen können, damit wir uns frei und ehrlich auf die Person konzentrieren können, der wir zuhören.

## Hürden für effektives und wertefreies Zuhören

Heutzutage ist es schwer, jemandem aufmerksam zuzuhören, ohne von etwas anderem abgelenkt zu werden - dem Fernseher, dem Radio, dem Geräusch des Automotors, dem Surren des Computerbildschirms oder anderen alltäglichen Dingen.

Selbst wenn wir versuchen zuzuhören, tun wir das oft gedankenlos und stimmen zu, ohne die Bedeutung der Worte zu verstehen.

Wenn jemand einen anderen Standpunkt vertritt als Sie, sind Sie vielleicht bereit, ein vorschnelles Urteil zu fällen. Sie könnten versuchen, die Diskussion zu dominieren, indem Sie über die andere Person hinweg sprechen oder Ihre Antwort planen, während diese noch spricht.

Aufgrund Ihrer Selbstversunkenheit neigen Sie dazu, sich auf Ihre eigenen Bedürfnisse und Ideen zu konzentrieren und dem Redner weniger Aufmerksamkeit zu schenken. Diese egozentrische Sichtweise könnte das Ergebnis von Voreingenommenheit, früheren Erfahrungen, versteckten Zielen oder inneren Dialogen sein.

Falsche Annahmen, Ratschläge oder Analysen, nach denen nicht gefragt wurde, Verleugnung und Gefühle von Angst, Gleichgültigkeit, Neid oder Abwehr können es schwierig machen, effektiv und ohne zu urteilen zuzuhören.

## Die wesentlichen Elemente des urteilsfreien Zuhörens

Es gibt drei Dinge, die ein Zuhörer tun muss, um einen sicheren Raum zu schaffen, in dem sich der Sprecher wohl fühlt und sich öffnen kann. Der Sprecher könnte Schwierigkeiten haben, sich zu öffnen und mitzuteilen, was er zu sagen hat, wenn diese Voraussetzungen nicht gegeben sind.

### Akzeptanz

Die größte Herausforderung bei der Reduzierung Ihres Bezugsrahmens besteht darin, Veränderungen zu akzeptieren. Selbst wenn sich die Ideen und Erfahrungen des Redners von den Ihren unterscheiden, müssen Sie in der Lage sein, diese zu akzeptieren, zu tolerieren und zu verstehen.

### Einfühlungsvermögen

Um sich einfühlen zu können, müssen Sie der anderen Person zunächst aufmerksam zuhören, ohne Ihre Gedanken oder Gefühle zu unterbrechen. Der beste Weg, sich in jemanden einzufühlen, ist, sich in seine Lage zu versetzen, so dass Sie die Dinge aus seiner Sicht sehen und ein differenzierteres Verständnis für das Problem entwickeln können.

### Aufrichtigkeit

Sie sollten die Körpersprache der anderen Person spiegeln, um Ihre Aufrichtigkeit zu vermitteln. Die Behauptung, Sie würden verstehen, während Sie eine verschlossene, gefühllose Körpersprache an den Tag legen, vermittelt die falsche Botschaft und zeigt nicht, dass Sie offen und urteilsfrei zuhören.

## Was sind die allgemeinen Vorteile einer nicht wertenden Haltung?

Urteilsfreie Achtsamkeit bedeutet, dem gegenwärtigen Moment große Aufmerksamkeit zu schenken, ohne zu versuchen, ihn zu beeinflussen.

Das Gefühl der Befreiung und Ruhe, das sich aus der Verbindung mit dieser Erfahrung ergibt, ist es allemal wert. Dies hat auch einige Vorteile. Dazu gehören die folgenden:

## Wenn Sie frei von Urteilen sind, können Sie die Pracht des Lebens wertschätzen

Wenn Sie etwas als normal bezeichnen, bedeutet das, dass es Ihre Zeit nicht wert ist. Wenn Sie jedoch das Etikett normal entfernen, öffnen Sie sich für die Möglichkeit, das Wunderbare und die Pracht in jeder Facette des Lebens zu sehen.

Wenn Sie einer Sache Ihre volle Aufmerksamkeit schenken, kann es sein, dass Sie so viel davon mitbekommen, dass es Ihre Sicht auf die Welt verändert.

## Urteilsfreies Zuhören kann Ihnen helfen, sich von einer hedonistischen Haltung zu lösen

Das ständige Streben nach mehr ist eine bedeutende Quelle der Unzufriedenheit. Die Überzeugung, dass das, was Sie haben, unzureichend ist, treibt das Streben nach mehr an - sei es in Form von materiellen Gütern, sozialem Status oder einer anderen Art von Erfolg.

Wenn Sie dieses endlose Streben stoppen können, werden Sie in der Lage sein, die vielen Vorteile Ihrer derzeitigen Situation zu erkennen.

## Es ist eine großartige Möglichkeit, Ihre Gedanken zu beruhigen

Sie können nur sich selbst die Schuld geben, wenn Sie sich über die unglücklichen Dinge sorgen, die Ihnen passiert sind oder die passieren könnten.

Wenn Sie das Etikett unglücklich ablegen können, sind Sie frei von den Ängsten, die entstehen, wenn Sie die Welt durch diese Brille sehen.

## Es erlaubt Ihnen, die Dinge so zu sehen, wie sie sind

Sie nehmen die Welt nur so wahr, wie sie Ihnen erscheint, je nachdem, wie Sie auf Ihre vorgefassten Meinungen reagieren. Wenn Sie diese beiseitelegen, können Sie die Dinge so sehen, wie sie sind.

## Warum ist urteilsfreies Zuhören so wichtig?

Da wir dazu neigen, die Welt durch die Linse unserer vorgefassten Meinungen zu sehen, erfordert es Zeit und Mühe, die Fähigkeit zu entwickeln, zuzuhören, ohne das Gehörte zu beurteilen.

Es hat jedoch viele Vorteile, die Fähigkeit des urteilsfreien Zuhörens zu entwickeln, wenn Sie versuchen, Menschen zu helfen und sie zu verstehen. Sie sind wie folgt:

- Es wird eine Atmosphäre geschaffen, in der sich die Menschen sicher genug fühlen, um ihre Gedanken und Gefühle frei mitzuteilen.

- Es bietet einen sicheren Raum, in dem der Sprecher seine Emotionen und Ideen zu dem Thema erforschen und Einblicke gewinnen kann.

- Zuhören, ohne zu urteilen und Einfühlungsvermögen zu zeigen, verbessert die psychische Gesundheit einer Person, was sehr wichtig ist, da es dazu führen kann, dass sie die Hilfe bekommt, die sie braucht.

**Wie können Sie sich darin üben, aufmerksamer zuzuhören?**

Im Folgenden finden Sie einige Vorschläge, wie Sie Ihre Fähigkeiten zum effektiven Zuhören verbessern können:

### Seien Sie aufmerksam

Sie treffen sich mit jemandem und unterhalten sich mit ihm? Versuchen Sie, körperlich und geistig anwesend zu sein, und achten Sie genau auf die Person, die spricht.

Wenn es sich um einen Video-Chat handelt, schließen oder entfernen Sie alle anderen Browser und schalten Sie Benachrichtigungen aus, damit Sie sich auf das Gespräch konzentrieren können. Schließen Sie die Tür, schalten Sie Ihr Telefon aus und lehnen Sie sich näher an Ihr Gegenüber heran.

### Achten Sie auf nonverbale Anzeichen

Können Sie erkennen, ob Ihr Gesprächspartner glücklich ist? Wie präsentiert er sich? Was verrät Ihnen der Tonfall? Achten Sie auf solche Feinheiten, denn sie können das Gesprächserlebnis erheblich verbessern.

Genauso wie die Handlungen des Sprechers dazu beitragen, dass Sie sich wohl fühlen und eine echte Verbindung aufbauen, können auch Ihre Handlungen dazu beitragen (z. B. Blickkontakt halten, Mimik und Gestik oder Nicken, um Ihre Zustimmung zu signalisieren).

### Vermeiden Sie Unterbrechungen

Unterbrechungen sind zweifelsohne der größte Feind des aufmerksamen Zuhörens. Sie zeigen, dass Sie dem Gesprächspartner nicht zuhören und dass Sie glauben, Ihre Meinung sei wertvoller. Außerdem hindern sie Sie daran, dem Gedankengang des Sprechers zu folgen und das besprochene Thema vollständig zu verstehen.

Bleiben Sie daher ruhig, hören Sie aufmerksam und geduldig zu und lassen Sie die andere Person ausreden, bevor Sie sprechen, auch wenn Sie glauben, dass Sie an der Reihe sind.

### Stellen Sie Fragen

Es ist angebracht, Neugier zu zeigen, sich Klarheit zu verschaffen und die Diskussion in Gang zu halten, indem Sie Fragen stellen. Außerdem kann das Stellen der richtigen Fragen dazu beitragen, das Gespräch wieder auf den richtigen Kurs zu bringen, wenn es vom Thema abweicht.

Denken Sie daran, ihren Gesprächspartner nicht zu unterbrechen. Warten Sie auf eine Lücke im Gespräch, bevor Sie mit Ihren Fragen beginnen.

### Fassen Sie zusammen

Sie zeigen nicht nur, dass Sie aufmerksam zugehört haben, sondern zitieren oder fassen wichtige Punkte des Gesprächs zusammen, damit Sie und Ihr Gesprächspartner prüfen können, ob Sie das Thema richtig interpretiert haben.

Sie können das Wesentliche hervorheben und konkrete nächste Schritte vorschlagen.

### Wie können Sie die Kunst des unvoreingenommenen Zuhörens erlernen?

Es braucht etwas Zeit und Mühe, um die Fähigkeit des urteilsfreien Zuhörens zu entwickeln.

Hier sind einige Vorschläge, die Ihnen dabei helfen, Ihre Fähigkeit des urteilsfreien Zuhörens zu entwickeln:

### Untersuchen Sie Ihre geistige Verfassung

Es ist wichtig, dass Sie in der richtigen Stimmung sind, um jemandem aktiv zuzuhören, damit Sie hören können, was er zu sagen hat.

Manchmal fällt es uns schwer, anderen zuzuhören, weil wir mit uns selbst unzufrieden sind oder weil kürzlich etwas Schlimmes passiert ist. Wenn Sie jemandem zuhören, sollten Sie Ihren Geist ruhig halten und Ihr Herz öffnen, damit Sie alle Informationen aufnehmen können.

### Stellen Sie sicher, dass Sie die richtige Grundhaltung an den Tag legen

Akzeptanz, Authentizität und Einfühlungsvermögen sind die drei Säulen des urteilsfreien Zuhörens, und alle drei müssen für ein effektives einfühlsames Zuhören vorhanden sein.

Wenn Sie eine aufnahmebereite Haltung einnehmen, erkennen Sie die Perspektive des Sprechers an und schätzen sie, ohne die Realität seiner Gefühle, Erfahrungen oder Überzeugungen in Frage zu stellen.

Diese Haltung hilft Ihnen, sich in die Situation des Gesprächspartners hineinzuversetzen, was Sie authentischer und empathischer macht.

### Nutzen Sie Ihre mündlichen Zuhörfähigkeiten

Wenn Sie auf subtile Weise Ihr Interesse an einem Gespräch zum Ausdruck bringen, verringert sich die Wahrscheinlichkeit, dass eine der beiden Parteien das Bedürfnis verspürt, das Gespräch zu unterbrechen.

Zu den wichtigsten Fähigkeiten des mündlichen Zuhörens gehören:

- Stellen Sie entscheidende Fragen, um Ihr Wissen zu bestätigen.
- Verwenden Sie Signale wie *Ja, sicher* und *Ich verstehe.*
- Geben Sie dem Gesprächspartner Zeit zum Nachdenken, bevor Sie fortfahren.
- Fassen Sie das Gesagte zusammen.
- Wiederholen Sie die Gefühle des Gesprächspartners.

Diese Gesten zeigen, dass Sie dem Gesprächspartner aufmerksam zuhören.

### Nonverbale Zuhörfähigkeiten einsetzen

Sie können auch durch Ihr Verhalten zeigen, dass Sie zuhören können, ohne zu unterbrechen oder Ihre Meinung zu äußern.

Das Verständnis der Körpersprache ist für die nonverbale Kommunikation unerlässlich. Die Fähigkeit, Aufmerksamkeit durch Körpersprache zu demonstrieren, ist ein äußerst effektives Mittel. Ein Beispiel dafür ist, dass Sie es vermeiden sollten, die Arme zu verschränken, da dies den Eindruck erwecken könnte, dass Sie unfreundlich sind oder sich dem Gesagten verschließen.

Eine Möglichkeit, ein angenehmes körpersprachliches Signal zu geben, besteht darin, in respektvollem Abstand Blickkontakt zu Ihrem Gesprächspartner aufzunehmen. Sie sollten auch sitzen statt stehen, sich gegenseitig genügend persönlichen Freiraum lassen und Ihre Sitzplätze so arrangieren, dass Sie sich nicht genau gegenübersitzen.

Kleine Gesten, wie ein Kopfnicken, zeigen Ihrem Gesprächspartner, dass Sie ihm zuhören. Ein natürliches, beruhigendes Schweigen und unterstützende Freiräume können der Person einen Moment Zeit zum

Nachdenken geben.

### Verstehen Sie den Sprecher, aber weisen Sie ihn nicht ab

Nehmen wir an, Sie unterbrechen den Sprecher zu oft, beenden seine Sätze, geben irrelevante Kommentare ab oder übernehmen das Gespräch mit Geschichten über Ihr eigenes Leben. In diesem Fall lenken Sie von dem ab, was der Redner sagt, und verhindern, dass der Redner bereit ist, sich zu öffnen.

Wenn Sie in ein Gespräch gehen, ohne vorgefasste Meinungen darüber zu haben, was die andere Person sagen wird oder wie Sie antworten werden, fördern Sie eine offenere Atmosphäre. Seien Sie aufgeschlossen und lassen Sie der Person Zeit zum Reden.

Behalten Sie Ihre Meinungen und Erfahrungen für sich, bis das Gespräch so weit fortgeschritten ist, dass Sie Ihre Erfahrungen in angemessener Weise mitteilen können, um zu zeigen, dass Sie den Standpunkt des Sprechers verstehen.

### Kulturelle Unterschiede müssen respektiert werden

Die Kultur spielt eine große Rolle bei der Interpretation von verbalen und nonverbalen Hinweisen, wie z.B. einer angemessenen Körpersprache und persönlichen Grenzen. Wenn Sie sicherstellen möchten, dass Sie sich klar ausdrücken, können Sie Ihr Gegenüber fragen, wann und mit wem er sich am wohlsten fühlt.

Das Verständnis kultureller Unterschiede kann Ihnen helfen, jemandem mit einer anderen ethnischen Herkunft oder einem anderen kulturellen Hintergrund zuzuhören, ohne ihn zu verurteilen.

### Visualisieren Sie die Worte des Sprechers in Ihrem Kopf

Um besser zu verstehen, was Sie hören, sollten Sie Ihrem Geist etwas Zeit geben, um ein Bild in Ihrem Kopf zu entwickeln. Wenn Sie Ihren Geist klar und Ihre Sinne aktiv halten, wird Ihr Gehirn den Rest erledigen, egal ob Sie versuchen, ein Bild in Ihrem Kopf zu formen oder Ihre Gedanken zu ordnen.

Konzentrieren Sie sich auf wichtige Begriffe und Phrasen, während Sie jemandem zuhören, und prägen Sie sich diese ein. Es ist respektlos, wenn Sie Ihre Antwort geistig vorbereiten, während jemand anderes spricht, also stellen Sie Ihre Gedanken in den Hintergrund, wenn es Zeit ist, zuzuhören.

Erinnern Sie sich schließlich an das Gesagte, auch wenn es langweilig oder unbedeutend erscheint. Wenn Ihre Gedanken abschweifen, erinnern Sie sich daran, dass Sie sie zurückholen müssen.

### Geben Sie Feedback

Zeigen Sie, dass Sie die Perspektive des Sprechers verstehen, indem Sie seine Gefühle widerspiegeln. Sie müssen nur mit dem Kopf nicken und zustimmende Laute von sich geben, um zu zeigen, dass Sie mit dem Gesagten einverstanden sind.

Der Sprecher muss sehen, dass Sie dem Gesagten Aufmerksamkeit schenken. In Fällen, in denen die Gefühle des Sprechers verborgen sind oder seine Worte zweideutig sind, kann es notwendig sein, ihn zu bitten, sich zu wiederholen, um sicherzustellen, dass Sie die ganze Bedeutung verstehen.

### Seien Sie aufgeschlossen

Wenn Sie jemanden beurteilen, während er spricht, werden Sie ihm nicht helfen können. Hören Sie einfach zu, ohne sich eine Meinung zu bilden.

Wenn Ihnen das Gesagte Unbehagen bereitet, lassen Sie sich davon nicht in Ihrer Reaktion beeinflussen. Denken Sie daran, dass Sie versuchen, ein effektiver und hilfreicher Zuhörer zu sein, und nicht ein Richter und eine Jury, in der Sie eine Erwiderung formulieren oder Vergleiche zu anderen Menschen ziehen.

Hören Sie zu, ohne Vermutungen anzustellen. Denken Sie daran, dass die Person, die diese Bemerkungen macht, Ihnen wahrscheinlich ihre innersten Gedanken und Gefühle offenbaren wird.

Sie können solche Gefühle und Ideen nur durch Zuhören kennen lernen, da Sie keine Vorstellung davon haben.

### Verbessern Sie Ihre Zuhörfähigkeiten durch Achtsamkeit

Achtsames Zuhören hilft uns, sensibler für die Absichten des Sprechers zu werden und dabei einen offenen Geist zu bewahren. Die Praxis der Achtsamkeit wird Ihnen helfen, ein besserer Zuhörer zu werden.

### Was ist achtsames Zuhören?

Achtsamkeit bedeutet, auf eine bestimmte Weise aufmerksam zu sein: bewusst, im gegenwärtigen Moment und ohne zu urteilen. Es ist besonders effektiv, um romantische Beziehungen zu verbessern, da wir eher dazu neigen, instinktiv und emotional zu reagieren.

Wenn Sie Achtsamkeit üben, können Sie sich auf Ihre unmittelbare Umgebung einstellen, unnötige Gedanken und Gefühle loslassen und Ihre Reaktionen auf die Worte anderer besser regulieren. Ein Mangel an Achtsamkeit kann Sie anfällig für Ihre eigenen Voreingenommenheit machen und Sie davon abhalten, dem, was der Sprecher sagt, Aufmerksamkeit zu schenken, indem er Sie von Ihrer Konzentration auf diese Dinge ablenkt.

Nach wenigen Augenblicken erinnert sich der durchschnittliche Mensch nur noch an fünfundzwanzig Prozent dessen, was in einer Rede gesagt wurde. Das Ziel des aufmerksamen Zuhörens besteht darin, nicht mehr an sich selbst zu denken, damit Sie das Gesagte Ihres Gesprächspartners vollständig verstehen können.

### Wie Sie achtsam zuhören

Die folgenden Vorschläge können Ihnen dabei helfen, Achtsamkeit in Ihre täglichen Interaktionen einzubauen und Ihre Beziehungen zu anderen zu verbessern:

### Achtsam zuhören

Wir nehmen routinemäßig an Aktivitäten teil und treten mit Menschen in Kontakt, ohne viel darüber nachzudenken.

Achtsamkeit zu praktizieren bedeutet, dem Sprecher ungeteilte Aufmerksamkeit zu schenken. Hierfür gibt es zahlreiche Ansätze:

- **Gönnen Sie sich eine Verschnaufpause:** Wenn Sie vor einer Besprechung einen Moment brauchen, um Ihre Gedanken zu sammeln, nehmen Sie sich Zeit. Scannen Sie mental Ihren Körper und entspannen Sie Ihre Muskeln, bevor Sie sich dem Gesprächspartner nähern.

- **Meditieren Sie:** Meditation ist eine Achtsamkeitspraxis, die Ihnen hilft, Ihren Geist darauf zu trainieren, dem gegenwärtigen Moment mehr Aufmerksamkeit zu schenken. Achtsamkeitstraining kann Sie dabei unterstützen, Ihre Gedanken zu ordnen und Platz für neue Ideen und Einsichten zu schaffen.

- Sie werden feststellen, dass die Meditation, wie auch andere Formen der körperlichen Betätigung, einfacher wird, je mehr Sie sie praktizieren. Es kann schwierig sein, Meditation in einen vollen Terminkalender einzubauen, aber schon ein paar Minuten pro Tag können helfen.

- **Vereinfachen Sie Ihr Umfeld:** Viele Menschen lassen sich bei der Arbeit durch ihr Telefon, ihren Laptop oder ihren Drucker ablenken. Halten Sie Ihren Arbeitsplatz frei und schalten Sie alle elektronischen Geräte aus.

## Achten Sie auf Ihre Signale

Unsere emotionalen und physiologischen Reaktionen, wie z.B. Sorge oder Irritation, können uns als Signale dienen und uns dazu veranlassen, Ideen und Perspektiven, die uns nicht gefallen, zu ignorieren oder abzulehnen. Wenn Sie sich Ihrer Signale bewusst sind und sich entscheiden, sie zu ignorieren, werden Sie viel besser mit anderen kommunizieren können.

Wenn Sie jedoch Ihren Geist trainieren, präsent und bewusst zu sein, können Sie zuhören, ohne davon beeinflusst zu werden. Sie könnten zum Beispiel ein Ziehen in der Brust spüren, wenn der Sprecher etwas sagt, mit dem Sie nicht einverstanden sind. Ohne Achtsamkeit zu üben, könnten Sie auf diese beunruhigende Erfahrung reagieren und am Ende etwas sagen, das Sie bedauern.

## Zuhören mit Empathie

Wir filtern die Realität oft durch die Linse unserer Vorurteile und Erfahrungen. Einer der Vorteile der Entwicklung von Empathie ist die Möglichkeit, Einblick in eine Situation aus der Sicht einer anderen Person zu erhalten.

Sie könnten zum Beispiel die Meinung der anderen Person legitimieren, indem Sie sie anerkennen. Sie müssen die Sichtweise der anderen Person nicht akzeptieren, um sie als gültig anzuerkennen; Sie müssen nur erkennen, dass sie sich von Ihrer eigenen unterscheidet.

Die oben beschriebenen Strategien sind im Privatleben und im Beruf gleichermaßen nützlich. Einige dieser Tipps mögen zu unterschiedlichen Zeiten besser anwendbar sein, aber insgesamt werden Sie durch ihre Anwendung zu einem konzentrierteren und zugänglicheren Menschen.

Deshalb ist es so wichtig, dass Sie den Kommunikationsmethoden anderer Menschen gegenüber aufgeschlossen sind. Denken Sie daran, dass die Menschen, mit denen Sie in Ihrem Berufs- und Privatleben zu tun haben, aus verschiedenen Gesellschaftsschichten kommen und unterschiedliche Lebenserfahrungen gemacht haben.

Die Fähigkeiten und Kenntnisse, die Sie in der Schule und im Beruf
erwerben, sind ebenso wichtig wie zwischenmenschliche Fähigkeiten wie
Respekt, Zuhören und Teamarbeit.

# Kapitel 8: Stellen Sie die richtigen Fragen zur richtigen Zeit

Zuhören, ohne zu urteilen, ist zwar der richtige Ansatz, um Vertrauen aufzubauen, aber es ist nur der erste Schritt in der Persönlichkeitsentwicklung. Um Ihr Charisma zur Geltung zu bringen, müssen Sie die Kunst erlernen, die richtigen Fragen zur richtigen Zeit zu stellen. Zweifelsohne verbessern Fragen das Lernen und erleichtert den Austausch von Ideen. Eine neue Studie unter der Leitung von Psychologen zeigt, dass das Stellen von Fragen einen positiven Eindruck hinterlässt und die Kommunikationsfähigkeit fördert.

Lernen Sie, die richtigen Fragen zu stellen, um Menschen für sich zu gewinnen.
*https://www.pexels.com/photo/two-women-holding-pen-601170/*

Für manche Menschen ist es ganz natürlich, die richtigen Fragen zu stellen, weil sie über eine hohe emotionale Intelligenz, Neugierde und die Fähigkeit verfügen, Menschen zu lesen. Im Gegensatz dazu brauchen die meisten von uns Klarheit darüber, wo sie anfangen sollen. Im Folgenden erfahren Sie, was Sie wissen müssen, um die richtigen Fragen zu stellen und so Ihre fesselnde Persönlichkeit auszubauen.

### Die Kunst, die richtige Frage zu stellen

Nur wenige Menschen wissen, was und wie sie fragen sollen. Es mag zwar einfach erscheinen, aber es erfordert Mühe und Zeit, um die Fähigkeit, gute Fragen zu stellen, zu perfektionieren. Vielleicht fragen Sie sich, ob Sie mit der richtigen Frage auch gleich die richtige Antwort bekommen. Wenn es sich um eine konkrete Information handelt, könnte dies durchaus der Fall sein.

In anderen Situationen müssen Sie jedoch möglicherweise mit relevanten Fragen nachhaken. Eine gute Frage bringt das Gespräch direkt auf den Punkt, denn sie ist anschaulich und prägnant und zeigt, dass die Person wirklich versteht, was Sie meinen. Bevor wir ins Detail gehen, lassen Sie uns kurz die drei Fragen durchgehen, die Sie verwenden können.

### Offene Fragen

Diese Fragen regen die Gedanken des Zuhörers an und motivieren ihn zum Nachdenken und zu einer angemessenen Antwort. Auf diese Weise äußert der Zuhörer mehr von seinen Gedanken oder teilt seine Meinung zu der Frage mit.

### Nachfassende Fragen

Diese Art von Fragen ist von grundlegender Bedeutung für die Durchführung eines Gesprächs. In der Regel folgen Folgefragen einem Format, bei dem die Fragen zum Thema oder Sachverhalt gestellt werden und am Ende zu spezifischeren Fragen übergehen.

### Leitende Fragen

Leitende Fragen lenken das Gespräch mit größerer Wahrscheinlichkeit in die von Ihnen gewünschte Richtung. Mit ihnen erhalten Sie die Art von Antwort, die Sie wünschen. Sie erhalten jedoch keine genauen Informationen oder geben nicht genau das wieder, was der Zuhörer sagen möchte. Ein Beispiel: Sie möchten einen Freund nach seiner Meinung zu einem Buffet fragen, das Sie vor einer Woche besucht haben. Wenn Sie die Frage „Hey, was hältst du von dem tollen

Essen, das wir letzte Woche am Buffet hatten?" stellen, erhalten Sie eine voreingenommene Antwort und schränken den Zuhörer ein, Ihnen seine Meinung zu sagen.

Je nach dem Zweck des Gesprächs und dem Kontext können diese drei Kategorien entsprechend eingesetzt werden, um effektive Ergebnisse zu erzielen.

**Warum ist es notwendig, die richtigen Fragen zur richtigen Zeit zu stellen?**

Die meisten Menschen halten an ihren Annahmen fest und hindern sich selbst am Lernen, da sie an ihren Überzeugungen festhalten und eine andere Perspektive oder Meinung zu einem bestimmten Thema nicht begrüßen. Dieses Verhalten schränkt ihre Fähigkeit ein, zu lernen und sich zu engagieren, und zeigt einen völligen Mangel an Neugierde. Ebenso fühlen sich manche Menschen bei Fragen unsicher, weil sie befürchten, dass die Fragen, die sie stellen, sie unwissend oder ungebildet wirken lassen könnten. Schauen Sie sich um, und Sie werden feststellen, dass alle großen Führungspersönlichkeiten immer Fragen stellen und immer bereit sind zu lernen. Die richtigen Fragen zur richtigen Zeit zu stellen, hilft Ihnen in mehrfacher Hinsicht, wie nachfolgend beschrieben.

- Ganz gleich, ob Sie mit einem Freund, einem Familienmitglied, einem Nachbarn oder einem Mitarbeiter sprechen: Wenn Sie Fragen stellen, bauen Sie ein Vertrauensverhältnis und Verständnis auf, ganz gleich, um welche Person es sich handelt. Es ermöglicht Ihnen, eine bedeutungsvolle Verbindung herzustellen.

- Fragen werden gestellt, um sinnvolle Einblicke zu gewinnen. Dieser Ansatz trägt dazu bei, ein tieferes Verständnis der Angelegenheit und der Probleme, die angesprochen werden müssen, zu entwickeln.

- Wenn Sie die richtigen Fragen stellen, wird sich Ihr Gegenüber automatisch auf das Gespräch einlassen und es als relevant ansehen. Er wird Sie als kompetente und verständnisvolle Person wahrnehmen und Ihnen gegenüber offener sein.

- Wenn Sie am Arbeitsplatz die richtigen Fragen zum richtigen Zeitpunkt stellen, entsteht ein Verantwortungsgefühl, bei dem der Arbeitnehmer seinen Beitrag überdenkt und das Problem schnell löst.

- Sie erhalten dadurch wertvolle Einblicke und können einen Problemlösungsansatz verfolgen, der sowohl Ihnen als auch dem Gesprächspartner zugutekommt.
- Fragen zum richtigen Zeitpunkt zu stellen, verringert die Gefahr von Fehlern, stärkt Ihr Verhandlungsgeschick und ermöglicht es Ihnen, potenzielle Situationen zu erkennen, die möglicherweise angesprochen werden müssen.

Der richtige Zeitpunkt für Ihre Fragen ist von entscheidender Bedeutung. Wenn Sie eine Diskussion in einem unpassenden Umfeld beginnen, wird Ihr Gesprächspartner Ihnen nicht gerne zuhören, Ihnen vielleicht keine Aufmerksamkeit schenken und sogar ignorieren, was Sie fragen. Fragen Sie sich daher je nach Situation, ob es der richtige Zeitpunkt ist, eine Frage zu stellen, oder ob Sie warten und zu einem anderen, besseren Zeitpunkt auf die Person zugehen sollten.

Effektive Fragen sind kraftvoll und regen zum Nachdenken an, da die Fragen offen formuliert sind. Verschiedene Arten von Fragen können dazu führen, dass Ihr Gegenüber abwehrend reagiert und nicht bereit ist, zu antworten. Die Fragen sollten also zum Nachdenken anregen und hilfreich sein, um den richtigen Ansatz zu finden. Wenn Sie zum Beispiel an einem Arbeitsplatz ein Problem lösen müssen, fragen Sie, was die mögliche Lösung sein könnte, anstatt davon auszugehen, dass die Mitarbeiter über das Thema Bescheid wissen.

Das Lösen von Problemen, das Lernen, der Aufbau von Beziehungen, die Beeinflussung anderer und die Forschung - all das kann durch effektives Fragen erreicht werden.

### Wie bringe ich Menschen durch das Stellen angemessener Fragen, mich zu mögen?

Wenn Menschen in geselliger Runde oder bei öffentlichen Treffen nichts Interessantes zu erzählen haben, konzentrieren sie sich auf die andere Person und beginnen, Fragen zu stellen, was manchmal etwas unangenehm werden kann. Eine im Journal of Personality and Social Psychology veröffentlichte Studie zeigt, dass die meisten Menschen eher dazu neigen, ihre Probleme zu lösen, als aufgeschlossen und bereit zu sein, zuzuhören. Wenn Sie jedoch den Fokus auf Ihr Gegenüber lenken und mit sachdienlichen Fragen an das Gespräch herantreten, wird sich das positiv auf Ihren Gesprächspartner auswirken und es wird Sie als kompetent und zuverlässig erleben. Im Folgenden finden Sie eine Schritt-für-Schritt-Anleitung, wie Sie ein bedeutungsvolles Gespräch führen und Ihr Gegenüber dazu bringen, Ihre Persönlichkeit zu bewundern.

### Erste Schritte

Die richtige Frage zu stellen, hängt von zwei wichtigen Faktoren ab: dem richtigen Zeitpunkt und der Relevanz der Frage. Was Sie fragen, muss subtil sein und darf nicht nur eine weitere Möglichkeit sein, ein Gespräch zu beginnen. Auch wenn zahlreiche Studien belegen, dass offene Fragen für eine bessere Konversation hilfreich sind, ist es unerlässlich, eine relevante Frage zu stellen, um die Beziehung in die richtige Richtung zu lenken.

Auch der Zeitpunkt der Frage ist entscheidend. Nehmen wir an, die andere Person ist bereits in ihre eigenen Gedanken oder Probleme vertieft. In diesem Fall ist es sehr wahrscheinlich, dass das Gespräch ohne fruchtbare Ergebnisse endet. Achten Sie also darauf, dass Sie den richtigen Zeitpunkt für eine Frage wählen.

Wenn Sie außerdem das Gefühl haben, dass Ihr Gesprächspartner eine Frage stellen möchte, seien Sie offen, hören Sie ihm zuerst zu und seien Sie so hilfreich wie möglich. Das wird Ihren Geist von Gedanken befreien, die ihre Denkfähigkeit vernebeln. Wenn Sie Ihrem Gesprächspartner nicht zuhören und keine Fragen stellen, werden Sie nichts erreichen.

Um einen positiven Eindruck zu hinterlassen, konzentrieren Sie sich darauf, zu fragen, anstatt zu belehren, zu erzählen oder eine direkte Frage zu stellen. Wenn Sie jemandem etwas sagen, wird er vielleicht zuhören, es akzeptieren oder das Gespräch völlig ignorieren. Ihr Gehirn wird sie jedoch dazu zwingen, zu antworten, wenn Sie sie nach ihrer Meinung zu der Frage fragen. Dies zeigt den Einfluss einer Frage im Gegensatz zu einer direkten Anweisung, was die Leute tun sollen. Schauen wir uns verschiedene Ansätze an, die Sie anwenden können, um bessere Fragen mit bedeutungsvollen Ergebnissen zu stellen.

### Finden Sie heraus, was Sie wissen wollen

Bevor Sie eine Frage stellen, sollten Sie die richtige Formulierung wählen und auf Meinungen, Ratschläge oder Fakten abzielen. Überlegen Sie zunächst, was Sie wissen wollen. Relevante und subtile Fragen sind entscheidend, da sie zu einer spezifischeren Antwort führen. Auf diese Weise wecken Sie das Interesse Ihres Gesprächspartners und versetzen ihn in eine komfortable Lage, in der er für das Gespräch offen ist. Wenn Sie Fragen stellen, die Ihr Gegenüber vielleicht nicht beantworten möchte, kann das Gespräch schnell ins Stocken geraten.

### Die richtige Person für Ihre Fragen auswählen

Je nachdem, was Sie fragen möchten, wählen Sie die Person entsprechend aus. Drängen Sie sich nicht mit Fragen auf. Fragen Sie stattdessen höflich, ob die Person bereit ist, einige Fragen zu beantworten. Wenn die Person zustimmt, ist dies der beste Zeitpunkt, um zu fragen, denn dann ist sie eher bereit, Ihnen zuzuhören und zu verstehen, was Sie zu sagen haben. Außerdem führt das Gespräch mit der richtigen Person zu fruchtbaren Ergebnissen in Form eines besseren Engagements.

### Auf eine Antwort warten

Bleiben Sie ruhig, wenn ein Gespräch im Gange ist, und vermeiden Sie es, zu drängen, nachdem Sie Fragen gestellt haben. Geben Sie der Person ausreichend Zeit, um zu antworten. Auch wenn Sie ein gutes Gespräch führen wollen: Wenn Sie mit Folgefragen hereinplatzen, ohne sich die Antworten anzuhören, wird Ihr Gesprächspartner denken, dass Sie seine Perspektive nicht zu schätzen wissen. Nachdem die Person geantwortet hat, können Sie ein weiteres Gespräch mit Folgefragen führen, um die Angelegenheit zu klären. Aktives Zuhören ist von Vorteil und hinterlässt einen positiven Eindruck.

### Nachfassen mit Fragen

Es ist am besten, das Gespräch fortzusetzen und Anschlussfragen zu stellen. Wenn Sie nicht auf der Suche nach Fakten sind, könnte die Frage, die Sie stellen, von Annahmen beeinflusst sein. Daher hilft eine Folgefrage, mehr über die Situation zu erfahren und ein positives Bild zu vermitteln. Entscheidend ist jedoch, dass Sie in einem freundlichen Ton fragen und dabei sehr sachbezogen und spezifisch bleiben. Eine Studie, die im Journal of Personality and Social Psychology veröffentlicht wurde, ergab, dass das Stellen geeigneter Folgefragen die zwischenmenschliche Bindung zu der Person, die die Frage stellt, verbessert. Wenn Sie die falschen Fragen stellen, wird Ihr Gesprächspartner abwehrend reagieren. Wenn Sie hingegen freundlich bleiben und die richtigen Fragen stellen, zeigt dies, dass Sie über die Situation informiert sein wollen.

Achten Sie darauf, dass die Fragen, die Sie stellen, Ihre Neugier und Bereitschaft zeigen, mehr über das Thema zu erfahren. Diese Folgefragen können bohrende Fragen sein, die die andere Person automatisch tiefer in die Diskussion einbeziehen. Fragen wie diese wecken die Neugier, fördern das kritische Denken und ermöglichen es

Ihnen, echtes Feedback von der Person zu erhalten, wie sie über ein bestimmtes Thema denkt.

### Bedanken Sie sich bei der Person

Beenden Sie das Gespräch, indem Sie dem Gesprächspartner für seine Antwort und seine Zeit danken. Achten Sie darauf, dass Ihre Körpersprache und die Art und Weise, wie Sie das Gespräch führen, Ihre Wertschätzung für die Person zum Ausdruck bringen. Dankbarkeit zu zeigen, stärkt die Beziehung und ermöglicht es Ihnen, bei Bedarf um Hilfe, Unterstützung oder Anleitung zu bitten. Diese Vorgehensweise funktioniert zwar in fast jedem Szenario, Sie sollten sie jedoch je nach den Umständen und dem Schweregrad der Situation anpassen. Ein Beispiel: Ein zwangloses Gespräch mit Ihrem Kollegen unterscheidet sich von nischenspezifischen Fragen in einer Firmenbesprechung.

### Tipps für das Stellen der richtigen Fragen

### Vermeiden Sie rhetorische Fragen

Das Stellen von irrelevanten oder rhetorischen Fragen, nur um ein Gespräch in Gang zu halten oder ein bestimmtes Thema zu betonen, sollte unbedingt vermieden werden. Entwickeln Sie eine schnelle Strategie oder denken Sie an relevante Fragen, die Sie stellen können, um die gewünschten Informationen zu erhalten und gleichzeitig auf dem richtigen Weg zu bleiben.

### Seien Sie offen und verständnisvoll

Überlegen Sie genau, was Sie Ihrem Gesprächspartner fragen, und bemühen Sie sich, seine Denkweise und seine Fähigkeit zu antworten zu verstehen. Es ist keine gute Idee, Fragen zu stellen, die die Person in eine unangenehme Lage bringen. Achten Sie außerdem darauf, dass Sie die Fragen in der richtigen Umgebung stellen. Auf diese Weise erhalten Sie die Antwort, die Sie sich von dem Gespräch erhoffen.

### Aktives Zuhören üben

Wenden Sie an, was Sie in den vorangegangenen Kapiteln gelernt haben, z.B. eine positive Grundhaltung zu bewahren, zu lächeln, zu nicken und durch Blickkontakt Engagement zu zeigen. Um Missverständnisse auszuräumen, stellen Sie bohrende Fragen und umschreiben Sie höflich die Antwort des Gesprächspartners, nachdem dieser bestätigt hat, was Sie gehört haben.

### Innehalten und Stille nutzen

Es ist wichtig, geduldig zu sein und die Stille zu nutzen, anstatt unnötige Fragen zu stellen. Pausen zwischen den Fragen ermöglichen es Ihrem Gesprächspartner, sich zu entspannen und sich wohl zu fühlen, während er sich mit Ihnen beschäftigt. Beginnen Sie damit, dass Sie sich selbst und die andere Person in Ihre Komfortzone begeben, eine Frage stellen und dann auf die Antwort der anderen Person warten. Hören Sie Ihrem Gesprächspartner aufmerksam zu, wenn er spricht, und warten Sie noch etwas, bevor Sie Folgefragen stellen. Wenn Sie dem Gesprächspartner genügend Zeit geben, ist die Wahrscheinlichkeit groß, dass er Ihnen mehr Informationen geben wird.

### Vermeiden Sie Unterbrechungen

Unterbrechen Sie niemals eine Person, die mit Ihnen spricht. Das erweckt den negativen Eindruck, dass Sie die Meinung der Person nicht zu schätzen wissen und ihre Aussagen ablehnen. Wenn Sie den Gesprächspartner unterbrechen, lenken Sie das Gespräch vielleicht in die von Ihnen gewünschte Richtung, aber es wird nie so verlaufen, wie Sie es sich vorgestellt haben. Wenn die Zeit jedoch begrenzt ist, können Sie das Gespräch unterbrechen, wenn die andere Person vom Thema abschweift. Seien Sie dennoch höflich und zeigen Sie Respekt, während Sie das Gespräch mit einer relevanten Frage weiterführen.

### Fragen Sie so, wie Sie selbst gefragt werden möchten

Denken Sie darüber nach, wie Sie es gerne hätten, wenn andere auf Sie zugehen würden und verhalten Sie sich so, wie Sie es erwarten würden. Wenn Sie diese Einstellung beibehalten, können Sie Fragen aussieben und solche vermeiden, die zu einem Problem führen könnten.

### Einen klaren Verstand haben

Hypothesen können die Gedanken einer Person beeinflussen und zu einer anderen Schlussfolgerung führen als die, die sie beabsichtigt hat. Halten Sie sich von Annahmen fern und seien Sie unvoreingenommen, um die größtmögliche Wirkung zu erzielen.

### Vermeiden Sie es, binäre Fragen zu stellen

Achten Sie darauf, dass Sie keine Frage stellen, deren Antwort ein einfaches Ja oder Nein ist. Sie können diesen Ansatz verwenden, wenn Sie ein Gespräch abschließen wollen, aber er sollte ansonsten immer vermieden werden, insbesondere wenn die Diskussion bereits begonnen hat. Wenn Sie mit einer binären Frage beginnen, benötigen Sie mehr Informationen. Vermeiden Sie die Ausdrücke *würde, sollte, ist* und *sind* in Fragen. Wechseln Sie stattdessen zu *wer, wo, wann* und *wie*, um Ihre Gesprächspartner zum Nachdenken anzuregen und relevante Informationen zu liefern.

## Sprechen Sie die richtige Sprache

Bereiten Sie Ihre Fragen in einem Brainstorming vor und stellen Sie sicher, dass Sie Fragen stellen, die die Person leicht verstehen kann. Berücksichtigen Sie bei Ihren Fragen den Bezugsrahmen des Gesprächspartners und wählen Sie vertraute Wörter oder Ausdrücke, die leicht verständlich sind. Wenn Sie zum Beispiel branchenspezifische Terminologie verwenden, werden Sie bei jemandem, der nicht in Ihrer Branche tätig ist, nicht weit kommen. Achten Sie außerdem auf eine neutrale Formulierung.

## Halten Sie sich an das Wesentliche

Wenn Sie die Antwort bereits kennen und wissen, was Sie erwarten, sollten Sie es vermeiden, die Frage zu stellen. So sparen Sie Zeit. Denken Sie daran, eine Reihe von Fragen zu stellen, angefangen bei allgemeinen Fragen um dann zu spezifischen Fragen überzugehen.

## Immer nur eine Frage nach der anderen stellen

Stellen Sie in einem Gespräch immer nur eine Frage, anstatt mehrere Fragen zu stellen. Wenn Sie sich an diese Strategie halten, wird die Kommunikation klar und verständlich sein. Sie präsentieren sich damit als jemand, der logisch an die Sache herangeht und ein tiefes Verständnis hat. Im Folgenden erfahren Sie, wie Sie sich darauf beschränken können, jeweils nur eine Frage zu stellen.

- Wenn es sich um ein wichtiges Ereignis wie ein Meeting handelt, schreiben Sie die Fragen auf, die Sie stellen werden, damit Sie sich daran erinnern.

- Seien Sie geduldig, hören Sie Ihrem Gesprächspartner zu und fügen Sie eine Folgefrage hinzu, wenn es angebracht ist.

Um die richtigen Fragen zu stellen, brauchen Sie Zeit, den richtigen Ansatz und viel Übung. Es ist nie garantiert, dass Ihre Fragen Sie Ihren Zielen näher bringen. Der einfachste Weg, gut im Stellen von Fragen zu werden, ist, mit dem Fragen anzufangen. Mit der Zeit und viel Übung wird sich Ihre Fähigkeit verbessern. Denken Sie daran, dass Sie nur dann erfolgreich sein können, wenn Sie gute Fragen stellen.

# Kapitel 9: Zwölf Wege, interessanter zu wirken

Es ist keine Überraschung, dass faszinierende Menschen im Allgemeinen beliebt sind. Ein interessanter Mensch zu sein ist eine angeborene Eigenschaft - sie fällt denjenigen, die sie besitzen, leicht und mühelos. Für andere ist es jedoch nicht so einfach, eine interessante Person zu sein. Glücklicherweise gibt es einige Dinge, die Sie tun können, um interessanter und ansprechender zu wirken.

In diesem Kapitel erfahren Sie, weshalb es sich lohnt, interessant zu sein und wie diese Eigenschaft Ihnen einen Vorteil verschafft. Sie werden auch eine Liste von Dingen finden, die Sie tun können, um diese Eigenschaft zu entwickeln.

### Vorteile des Interessant-Seins

Bevor wir uns damit befassen, wie Sie ein interessanterer Mensch werden können, lassen Sie uns einige der Vorteile eines solchen Menschen erkunden. Mit interessierten Menschen macht es im Allgemeinen Spaß, Zeit zu verbringen. Wenn Sie interessiert sind, werden die Menschen gerne Zeit mit Ihnen verbringen. In der Nähe von faszinierenden Menschen gibt es nie einen langweiligen oder unangenehmen Moment.

Faszinierende Menschen ziehen von Natur aus die Aufmerksamkeit der anderen auf sich. Sie fallen leicht auf und heben sich von anderen ab. Interessant zu sein kann Ihnen auch helfen, leichter einen Job zu bekommen. Interessante Menschen sind in der Regel abenteuerlustig, erfahren und authentisch. Sie teilen ihre Entdeckungen gerne mit anderen, hören nie auf zu lernen und tun nicht gerne Dinge, nur weil alle anderen sie tun. Neben Fachkenntnissen, Qualifikationen und Expertise stehen diese Eigenschaften auf der Liste der idealen Kandidaten eines jeden Arbeitgebers. Mit interessanten Menschen macht es nicht nur Spaß und es ist einfach, zu arbeiten, sie haben auch immer neue und frische Ideen. Sie sind eine Bereicherung für das Unternehmen und tragen dazu bei, die Kultur im Unternehmen zu bereichern.

Interessante Menschen lassen sich keine Gelegenheiten und Erfahrungen entgehen und schrecken nicht vor Herausforderungen zurück. Die Angst vor Versagen oder Ablehnung bremst sie nur selten. Die Art und Weise, wie sie sich bei jeder Gelegenheit selbstbewusst präsentieren, trägt zu ihrem Erfolg bei und verhilft ihnen im Beruf zu besseren Positionen. Diese Risikofreudigkeit hilft ihnen auch, mehr Geld zu verdienen. Sympathische Menschen müssen nicht lügen, um andere zu beeindrucken. Außerdem haben sie in der Regel mehr vom Leben gesehen als andere, so dass sie die Dinge verstehen, die wirklich wichtig sind. Deshalb sind sie in der Regel sehr bescheiden, freundlich und bodenständig und wissen, dass sie ihr Ego nicht zu sehr in den Vordergrund stellen sollten. Das macht sie vertrauenswürdiger und ehrlicher und hilft ihnen, gesunde und erfüllende Beziehungen aufzubauen.

Faszinierende Menschen sind schwer zu vergessen. Sie hinterlassen immer einen einzigartigen und fesselnden Eindruck bei anderen, was dazu führt, dass sie über ein großes berufliches und soziales Netzwerk verfügen und sich bei Vorstellungsgesprächen einen Vorteil verschaffen. Am wichtigsten ist jedoch, dass interessante Menschen Sie glücklicher und gesünder machen. Es fällt schwer, geistig, emotional und körperlich nicht zu florieren, wenn Sie den Schlüssel zur Verbesserung der persönlichen, sozialen und beruflichen Aspekte Ihres Lebens haben.

**Wie Sie interessanter werden**

**1. Lernen Sie eine neue Fähigkeit**

Das Erlernen einer neuen Fähigkeit ist eine Möglichkeit, um sich für andere attraktiver zu machen. Sie müssen nicht lernen, wie man einen Hubschrauber fliegt, um interessant zu wirken (obwohl Sie es auf jeden Fall versuchen sollten, wenn es das ist, was Sie tun wollen). Ihre neue Fähigkeit kann so einfach sein wie das Erlernen einer neuen Sprache oder einer neuen Sportart. Sie können auch einen Einführungskurs in ein Thema belegen, das Sie interessiert, wie z.B. Psychologie, Handel mit NFTs, Modedesign oder digitales Marketing, und sich weiterbilden, wenn Sie es für richtig halten.

Die Fähigkeiten, die Sie entwickeln wollen, müssen nicht unbedingt mit Ihrem derzeitigen Studium oder Ihrer Branche zu tun haben. Machen Sie eine Liste der Dinge, die Sie schon immer einmal ausprobieren wollten, selbst als Kind, und fangen Sie damit an. Setzen Sie sich ein Ziel und entwerfen Sie einen Plan, wie Sie es erreichen können. Wenn Sie sich für eine Sportart entscheiden, suchen Sie nach Empfehlungen für Trainer in Ihrer Nähe. Schauen Sie sich Trainingseinheiten an und fragen Sie den Lehrer, was Sie als Anfänger zu erwarten haben, wie lang die durchschnittliche Lernkurve ist und so weiter.

Wenn Sie einen Sprach- oder einen anderen Bildungskurs belegen, entscheiden Sie, ob Sie sich für einen Präsenz- oder einen Online-Kurs einschreiben wollen. Wägen Sie die Vor- und Nachteile jeder Alternative ab, bevor Sie eine Entscheidung treffen.

Wenn Sie mit dem Lernen beginnen, fühlen Sie sich vielleicht gezwungen, mehr Informationen aufzunehmen oder ein höheres Tempo zu wählen, als Sie eigentlich sollten. Effektives Lernen kann jedoch auch durch kleine und stetige Schritte nach vorne erreicht werden. Denken Sie an die 80/20-Regel: 80 % der Ergebnisse ergeben sich aus 20 % des Inputs. Mit anderen Worten: Unterschätzen Sie nicht den Aufwand, den Sie betreiben, auch wenn er noch so gering erscheint.

Um eine neue Fähigkeit zu entwickeln, müssen Sie eine Reihe von Teilfähigkeiten erlernen. Nehmen wir an, Sie beschließen, Reiten als Sport zu betreiben. Während Sie lernen, wie man Pferde reitet und vielleicht sogar über Hindernisse springt, werden Sie feststellen, dass sich Ihre Körperkoordination, Ihr kritisches und schnelles Denken, Ihr Gedächtnis und Ihre Entscheidungsfähigkeit mit der Zeit verbessern. Reiten wird auch mit Selbstvertrauen, Mitgefühl und ausgezeichneten nonverbalen Kommunikationsfähigkeiten in Verbindung gebracht. Wenn Sie Kunstunterricht nehmen, verbessern sich Ihre Hand-Augen-Koordination, Ihre Kreativität, Ihre Vorstellungskraft und Ihre motorischen Fähigkeiten.

## 2. Bleiben Sie neugierig und hören Sie nicht auf, Fragen zu stellen

Es gibt nichts Interessantes an passiven Menschen, die die Welt um sich herum für selbstverständlich halten. Wenn Sie Ihre Umgebung nicht beobachten, keine Fragen stellen und nicht aktiv nach Antworten suchen, existieren Sie lediglich. Anstatt mit dem Universum zu interagieren, akzeptieren Sie alles, was es Ihnen zuwirft. Das ist ein todsicherer Weg, um Ihre eigene Stimme zum Schweigen zu bringen und mit allen um Sie herum konform zu gehen.

Neugierde ist die Essenz der Kreativität. Neue Ideen kommen uns nicht aus heiterem Himmel, auch wenn es manchmal so aussieht. Wir können uns nicht von etwas inspirieren lassen, das wir noch nicht gesehen oder erkannt haben. Wenn Sie nicht neugierig sind, werden Ihnen wahrscheinlich viele Ideen entgehen, weil Sie Ihren Verstand nicht darauf trainiert haben, sie zu erkennen.

Neugierde eröffnet Ihnen neue Möglichkeiten, die Sie sonst nicht wahrnehmen würden. Sie sorgt auch für Abwechslung in einem von Routine geprägten Leben. Neugierige Menschen finden Abenteuer, wenn man es am wenigsten erwarten würde.

Um Ihre Neugier zu nähren, müssen Sie offen dafür sein, neue Dinge zu lernen und Ihre Denkweise über bestimmte Dinge zu ändern. Neugierige Menschen haben keine Angst davor, zu entdecken, dass einige ihrer Überzeugungen und Kenntnisse falsch sein könnten. Sie versuchen ständig, tiefer in die Welt einzutauchen und zu verstehen, warum die Dinge so sind, wie sie sind. Sie zögern nicht, so viele Fragen zu stellen, wie nötig sind, um die Informationen zu bekommen, die sie suchen. Diese Fragen führen Sie vielleicht zu neuen Erfahrungen und dienen als interessante Gesprächseinstiegsmöglichkeiten. Als neugieriger Mensch eignen Sie sich ein umfangreiches Allgemeinwissen an, das ziemlich beeindruckend sein kann.

## 3. Seien Sie ein großartiger Geschichtenerzähler

Tolle Erlebnisse, Gelegenheiten und neugierige Entdeckungen sind zwar wichtig, wenn Sie interessant sein wollen, aber Sie werden es nicht schaffen, die Aufmerksamkeit anderer Menschen zu erregen und den gewünschten Eindruck zu hinterlassen, wenn es Ihnen an der Fähigkeit fehlt, Geschichten zu erzählen. Die Art und Weise, wie Sie Ihre Geschichten erzählen, muss einnehmend und fesselnd sein.

Gute Geschichtenerzähler sind organisiert und kommen direkt auf den Punkt. Stellen Sie sich vor, jemand erzählt Ihnen von seiner Reise zum Mond - ganz schön interessant, oder? Aber aus irgendeinem Grund schwafelt die Person davon, dass sie nicht wusste, was sie in ihre Tasche packen sollte. Die Person geht bis ins kleinste Detail auf ihre Reise zur Raumstation ein. Gerade als sie Ihnen endlich erzählen wollte, wie es im Inneren des Shuttles aussah, sagt sie: „Oh! Nein, tut mir leid, so ist es nicht gewesen. Ich musste noch eine Besorgung machen, bevor es zur Station ging ..." Sie verbringen so viel Zeit damit, auf unnötige Details einzugehen, dass Sie das Interesse an einer potenziell fesselnden Geschichte verlieren.

Geschickte Erzähler wissen, welche Details sie hervorheben und welche sie weglassen sollten. Sie wissen, wie sie eine Geschichte fesselnder klingen lassen können, als sie tatsächlich ist, ohne sich irgendwelche Details ausdenken zu müssen. Sie sind anschaulich, können Emotionen hervorrufen und wissen, wie man in verschiedenen Tonlagen und Geschwindigkeiten spricht, um die Aufmerksamkeit des Zuhörers zu fesseln und zu halten.

### 4. Teilen Sie Ihre Leidenschaften mit anderen

Viele Menschen vermeiden es, über Dinge zu sprechen, die ihnen am Herzen liegen, vor allem, wenn sie nicht zum Mainstream gehören. Vielleicht hat man ihnen gesagt, dass sich niemand dafür interessiert oder dass sie zu viel reden. Leidenschaftliche Menschen ziehen jedoch die Aufmerksamkeit anderer auf sich. Es spielt keine Rolle, was Sie mögen - wenn Sie sich für ein bestimmtes Thema interessieren und sich dafür begeistern, Ihr Wissen und Ihre Erfahrungen mit anderen zu teilen, werden Sie von anderen als interessant empfunden.

So kontraintuitiv es auch klingen mag, Sie bekommen Extrapunkte, wenn Sie sich für etwas begeistern, das nicht so häufig oder populär ist. Während Mainstream- oder gewöhnliche Interessen tiefe Gespräche auslösen und große Bindungen mit anderen schaffen können, machen unkonventionelle Interessen die Menschen neugierig. Sie werden mehr über das Thema erfahren und verstehen wollen, warum Sie sich so sehr dafür begeistern. Leidenschaften, Hobbys und Talente machen Sie unverwechselbar.

### 5. Seien Sie ehrlich und freimütig

Interessante Menschen schwimmen nicht gerne mit dem Strom. Sie übernehmen niemals Überzeugungen oder Ideen, die nicht mit ihren Vorstellungen und Werten übereinstimmen. Es macht ihnen nichts aus, ihre Gedanken und Ideen mitzuteilen, auch wenn sie anders sind als die ihrer Umgebung. Seien Sie freimütig, wenn Sie das Bedürfnis dazu haben. Das bedeutet nicht, dass Sie mit jedem streiten sollten, der eine andere Meinung vertritt, sondern es bedeutet einfach, dass Sie sich nie davor scheuen sollten, Ihre Meinung authentisch zu vertreten. Selbst diejenigen, die nicht mit Ihnen übereinstimmen, werden Ihre Offenheit respektieren.

## 6. Kümmern Sie sich nicht um die Meinung der anderen

Sie sollten sich nie Gedanken darüber machen, was andere Menschen von Ihnen denken. Zwar fühlt sich jeder Mensch manchmal gezwungen, bestimmte Teile seiner Persönlichkeit zu verbergen oder so zu tun, als ob er Dinge mag oder nicht mag, um die Zustimmung anderer zu gewinnen, aber niemand sollte diesem Drang auf Dauer nachgeben. Unsere einzigartigen Unterschiede sind es, die uns interessant machen. Vor allem aber ist es die Art und Weise, wie eine Person ihr wahres Ich annimmt und sich weigert, irgendeinen Aspekt ihres Wesens zu verbergen, die sie am faszinierendsten macht.

Halten Sie sich nicht zurück oder fürchten Sie sich davor, Ihre Meinungen und Überzeugungen zu äußern, nur weil Sie befürchten, dass sie jemandem nicht gefallen könnten. Die Menschen werden immer etwas finden, das sie kritisieren oder nicht mögen - Sie werden nie für alle perfekt sein. Die interessantesten Menschen sind diejenigen, die sich ihre Authentizität bewahren, unabhängig davon, mit wem sie zusammen sind, wo sie sich befinden oder was sie gerade tun.

## 7. Hören Sie nie auf zu lernen

Wissen ist unendlich - man kann nie genug davon haben. Menschen, die die zahllosen Möglichkeiten des Universums erkennen und ihrer Neugier die Führung überlassen, sind die spannendsten Menschen. Als jemand, der gerne grenzenlose Fragen stellt, geben Sie Anlass zu anregenden Gesprächen, die jeden mitreißen. Wenn Sie sich in einem nicht enden wollenden Zustand des Staunens befinden, können Sie Ihr Wissen erweitern und den Menschen den Eindruck vermitteln, dass Sie hochintelligent sind und sich in verschiedenen Bereichen gut auskennen.

Das Bildungssystem hat uns darauf konditioniert, das Lernen als einen mühsamen Prozess zu betrachten. Wenn Sie an dieser Überzeugung festhalten, werden Sie niemals den Drang verspüren, sich in ein Thema zu vertiefen, selbst wenn es Sie interessiert. Wenn Sie Lernen mit etwas verbinden, das Spaß macht und Vorteile bringt, werden Sie ganz natürlich versuchen, mehr über eine Vielzahl von

Themen zu lernen. Es ist nicht einfach, Ihre Einstellung zum Lernen über Nacht zu ändern. Es hilft, das Lernen als einen neutralen Prozess zu betrachten, der es uns ermöglicht, nützliches Wissen zu erlangen, bevor wir es als eine unterhaltsame und erfüllende Erfahrung betrachten können.

## 8. Teilen Sie, was Sie lernen

Interessante Menschen zeichnen sich durch diese Eigenschaft aus, weil sie das, was sie lernen, gerne mit anderen teilen. Sie sprechen nicht über ihre Erfahrungen, weil sie selbstsüchtig sind, sondern weil sie möchten, dass andere sich an ihren Entdeckungen erfreuen und daraus lernen. Sie sprechen gerne darüber, warum ein bestimmtes Thema ihr Interesse geweckt hat und was sie im Laufe der Zeit darüber gelernt haben.

## 9. Seien Sie ein guter Zuhörer

Menschen, die nicht gut zuhören können, wirken oft egozentrisch und uninteressiert an ihrem Umfeld. Menschen, die sich nur um sich selbst kümmern und nicht zuhören, was andere sagen, sind alles andere als fesselnd. Sie sollten zwar ein guter Gesprächspartner sein und versuchen, Ihr Wissen mit anderen zu teilen, aber Sie müssen auch die richtige Balance zwischen sprechen und zuhören finden.

Nur wenige Menschen wissen, dass Zuhören eine wichtige Komponente der Kommunikationsfähigkeit ist. Sie können kein effektives Argument aufbauen oder Ihren Standpunkt vermitteln, wenn Sie den Standpunkt Ihres Gegenübers nicht vollständig verstehen. Wenn Sie einer Person zuhören, nehmen Sie sich die Zeit, ihre Worte aufzunehmen und zu verarbeiten. Denken Sie über das Gesagte nach und wiederholen Sie es mit Ihren eigenen Worten. Das zeigt anderen, dass Sie sich für das interessieren, was sie sagen, und dass Sie ein Gespräch in beide Richtungen führen. Indem Sie aktiv zuhören, können andere feststellen, ob Ihre Ausführungen echt sind oder nur ein Vorwand, um mit Ihren Leistungen zu prahlen.

## 10. Priorisieren Sie die Selbstentwicklung

Nichts ist attraktiver als eine Person, die Wachstum und Entwicklung in den Vordergrund stellt. Setzen Sie sich ein Ziel, das Sie erreichen möchten, und entwickeln Sie eine Strategie, mit der Sie darauf hinarbeiten können. Visualisierungstechniken können Ihnen helfen, sich von ungünstigen Denkmustern zu lösen. Wenn Sie sich Ihr Leben vor Augen führen, nachdem Sie alles erreicht haben, was Sie sich vorgenommen haben, hilft Ihnen das, motiviert und zielstrebig zu bleiben.

Wenn Sie auf Ihre Selbstentwicklung hinarbeiten, sollten Sie versuchen, positiv zu bleiben. Verfolgen Sie alle Ihre Gedanken und achten Sie darauf, wenn sich aufdringliche Gedanken ihren Weg in Ihren Kopf bahnen. Meditieren Sie, stellen Sie sich vor, wie sich die negativen Gedanken in Luft auflösen, oder versuchen Sie eine andere Form der Ablenkung. Das Wichtigste ist, dass Sie diese Gedanken ausschalten, bevor sie überhandnehmen.

Schon fünf Minuten Meditation und Achtsamkeitstechniken pro Tag können sich als sehr effektiv erweisen, wenn Sie mit negativen Situationen umgehen müssen. Mit diesen Übungen können Sie lernen, Ihre Atmung zu regulieren und Ihren Geist und die Gedanken, die durch ihn wandern, unter Kontrolle zu bringen.

Auf Ihrem Weg zur Selbstverwirklichung werden Sie wahrscheinlich zahlreiche Rückschläge erleben. Erinnern Sie sich selbst daran, dass Sie sich von diesen Unannehmlichkeiten nicht entmutigen lassen sollten, weiterzumachen. Betrachten Sie sie stattdessen als weitere Gelegenheiten zum Lernen und Wachsen. Feiern Sie und belohnen Sie sich jedes Mal, wenn Sie eine kleine Hürde überwunden haben.

## 11. Seien Sie Ihr einziger Konkurrent

Die unattraktivsten Menschen sind diejenigen, die alle anderen als Bedrohung ansehen. Wenn Sie ständig mit anderen konkurrieren, können Sie sich nicht über deren Erfolge freuen, selbst wenn es sich um Ihre engsten Freunde handelt. Das führt langsam zu Grollgefühlen und kann dazu führen, dass Sie viele Menschen in Ihrem sozialen Umfeld verlieren. Toxischer Wettbewerb kann sich nachteilig auf Ihre körperliche, emotionale und geistige Gesundheit auswirken. Deshalb sollte Ihr einziger Konkurrent Sie selbst sein.

Wir alle haben unterschiedliche Chancen und Lernkurven. Außerdem hat jeder von uns auf seinem Weg eine Reihe von Hindernissen und Herausforderungen zu bewältigen. Es ist unmöglich, mit anderen zu konkurrieren, da Sie alle unter anderen Umständen leben und in einem anderen Umfeld agieren. Konzentrieren Sie sich auf Ihr eigenes Ziel und vergleichen Sie Ihre Steigerung mit Ihrer bisherigen Leistung. Sie sind die einzige Person, die sagen kann, ob Sie auf dem richtigen Weg sind.

Es wird Zeiten geben, in denen Sie hinterherhinken. Geben Sie nicht auf, streben Sie ein gleichmäßiges Tempo an und erinnern Sie sich an das große Ganze und daran, warum Sie überhaupt angefangen haben, auf Ihr Ziel hinzuarbeiten. Je mehr Sie diese Denkweise verstärken, desto leichter werden Sie diese Grundhaltung in Ihre Persönlichkeit einbauen können. Vergessen Sie nicht, die kleinen Erfolge auf dem Weg zu feiern.

Es gibt nichts, was Menschen inspirierender und interessanter finden als eine Person, die ein einziges Ziel verfolgt und sich nicht die Mühe macht, sich mit anderen zu messen. Dieses Verhalten ist ein Indikator für Selbstvertrauen und Bewusstsein.

## 12. Lassen Sie toxische Grundhaltungen an der Tür

Wenn Sie möchten, dass man sich in Ihrer Gesellschaft wohl fühlt, müssen Sie wissen, welche Grundhaltungen Sie loslassen müssen. Übermäßig negative Menschen sind Energievampire. Niemand ist gerne mit einer Person zusammen, die ständig das Schlimmste erwartet und nur über die negativen Aspekte ihres Lebens spricht.

Menschen, die darauf warten, dass ihnen der Erfolg auf dem Silbertablett serviert wird, sind ebenfalls wenig inspirierend. Passive Menschen, die nicht aktiv auf ihre Ziele zugehen, werden immer zurückbleiben und sich wahrscheinlich darüber beschweren.

Sie sollten negatives und selbstabwertendes Gerede vermeiden. Sagen Sie sich nicht, dass Sie Ihre Ziele niemals erreichen oder erfolgreich sein werden. Unser Unterbewusstsein nimmt die Gedanken und Worte auf, mit denen wir uns füttern, und deshalb werden sie oft zur Realität. Tägliches Wiederholen von Affirmationen kann Ihnen helfen, Ihre Gedanken neu zu ordnen und optimistischer zu werden.

Anziehende Menschen stehen zu ihren Fehlern und übernehmen die volle Verantwortung für ihr Verhalten und ihre Handlungen. Sie wissen, dass Fehler ihren Selbstwert nicht schmälern, weshalb sie immer selbstbewusst auftreten. Vermeiden Sie es, anderen die Schuld für schlechte Umstände zu geben, in denen Sie sich befinden.

Selbstbewusste Menschen wissen auch, dass es keine Schwäche ist, andere um Hilfe zu bitten, weshalb es ihnen nichts ausmacht, andere um Unterstützung zu bitten. Sie wissen, dass zu viel Stolz ihre Erfolgschancen schmälern kann.

**Was macht eine interessante Person aus?**

Nachdem Sie nun die Vorteile des Interessant-Seins kennengelernt und Tipps erhalten haben, wie Sie eine faszinierende Person werden können, lassen Sie uns nun einige der Eigenschaften untersuchen, die eine interessante Person von einer uninteressanten unterscheiden.

**Ein interessanter Mensch ist:**

- selbstbewusst
- durchsetzungsfähig
- hat ein starkes Selbstbewusstsein
- hat ein hohes Maß an Selbsterkenntnis
- unabhängig
- leidenschaftlich
- kreativ
- risikofreudig
- hört nie auf zu lernen
- Selbsterfahrung und -entwicklung haben für ihn Priorität
- authentisch
- ausdrucksstark
- verliert seine Bestimmung nicht aus den Augen
- hat Ziele
- hat eine Lebensaufgabe

**Eine uninteressante Person ist:**

- egozentrisch
- arrogant oder egoistisch
- engstirnig
- nicht offen für neue Erfahrungen
- fixiert auf bestimmte Ideologien und Überzeugungen
- nicht bereit, zu akzeptieren, dass sie falsch liegen könnten
- ein schlechter Kommunikator
- neigen dazu, sich selbst zu ernst zu nehmen
- unflexibel
- nicht anpassungsfähig
- äußerst berechenbar

• uninteressiert an seinem Umfeld

Eine interessante Persönlichkeit zu sein, kann Ihnen helfen, starke Beziehungen und berufliche Netzwerke aufzubauen. Es kann Ihnen einen großen Vorteil verschaffen und Ihnen helfen, weiterzukommen. Manche Menschen sind von Natur aus interessant, aber Sie können diese Eigenschaft auch erwerben, indem Sie authentisch, zielorientiert, leidenschaftlich, offen und neugierig sind.

# Kapitel 10: Tipps und Tricks, wenn es darum geht, gemocht zu werden

Manche Menschen scheinen mit einem sympathischen Charakter geboren zu sein. Diesen Menschen fällt es leicht, sich unter Fremde zu mischen, und Gelegenheiten werden ihnen scheinbar ohne weiteres geboten. Möglicherweise haben sie diese Eigenschaften schon als Kinder mitbekommen, ohne sich dessen bewusst zu sein. Die gute Nachricht ist, dass Sie diese Eigenschaften kultivieren können, um sich selbst noch attraktiver zu machen.

Im Familien- und Freundeskreis können Sie ganz Sie selbst sein und unbesorgt all Ihre Schwächen zur Schau stellen, und man wird Sie trotzdem lieben. Im Laufe Ihres Lebens werden Sie Tausende von Menschen treffen und mit ihnen interagieren. Einige davon in der Schule, andere bei der Arbeit oder bei gesellschaftlichen Anlässen.

Wenn Sie von anderen gemocht werden, insbesondere von denen, zu denen Sie eine enge Beziehung haben, kann Ihnen das Türen zu neuen Möglichkeiten öffnen. Ihre Freunde werden Sie gerne über alles informieren, weil sie sich dadurch wohl und geschätzt fühlen. Ihre Kollegen werden gerne mit Ihnen zusammenarbeiten, weil es die beste Option ist, und Ihr Chef wird Sie vielleicht sogar befördern, um Ihren Fähigkeiten besser gerecht zu werden. All dies ist möglich, wenn Sie beliebt sind.

Um starke Beziehungen zu anderen aufzubauen, müssen Sie über soziale Intelligenz verfügen. Die in diesem Kapitel beschriebenen Eigenschaften, die Sie sympathisch machen, werden Ihnen dabei helfen, starke Beziehungen zu Menschen aus den verschiedensten Bereichen des Lebens aufzubauen. Fast alles, was die Interaktion mit anderen betrifft, erfordert eine Prise soziale Intelligenz.

Meistens sind es die Dinge, die Sie wissentlich oder unwissentlich falsch machen, die dazu führen, dass man Sie nicht mag. Ihre Freunde und Ihre Familie sind die einzigen Menschen, die Sie so akzeptieren, wie Sie sind, weil sie Sie schon lange genug kennen, um zu verstehen, wofür Sie stehen. Dies ist jedoch eine kleine Gruppe von Menschen, wenn man sie mit dem Rest Ihrer Beziehungen vergleicht.

In diesem Kapitel erfahren Sie, welche Fehler Sie möglicherweise gemacht haben, die Ihren Beziehungen zu anderen geschadet haben. Nicht jeder wird Sie mögen, aber wenn Sie eine sympathische Persönlichkeit haben, wird es jedem leichtfallen, Sie zu schätzen. Daher sollten Sie ganz bewusst Eigenschaften kultivieren, die dazu führen, dass man Sie mag. Dieses Kapitel enthält einen umfassenden Leitfaden, wie Sie Ihre ideale Persönlichkeit erreichen können.

### Was Sie tun können, damit man Sie mag

Menschen wollen das Gefühl haben, dass sie Ihnen sensible Informationen und Aufgaben anvertrauen können. Diese Tipps werden Ihnen helfen, die Liebe und Sympathie der Menschen zu gewinnen, aber Sie sollten nicht zu viel erwarten, denn nicht jeder wird Sie mögen - so ist das Leben nun einmal. Hier sind einige Tipps, die Sie befolgen sollten:

### Es ist in Ordnung, Ihre Schwächen anzuerkennen

Ob Sie es nun zugeben wollen oder nicht, die Menschen werden Sie durchschauen. Niemand möchte mit einem Lügner in Verbindung gebracht werden, und wenn Sie Ihre Schwächen leugnen, erscheinen Sie als jemand, der etwas zu verbergen hat und dem man daher nicht trauen kann. Ihre Verletzlichkeit mitzuteilen oder anzuerkennen bedeutet nicht, dass Sie Ihre Probleme von den Dächern schreien oder dass Sie sich hilflos verhalten sollten, um die Sympathie der Menschen zu gewinnen. Es bedeutet, dass Sie wissen müssen, wann der richtige Zeitpunkt gekommen ist, um Informationen preiszugeben, und dass Sie in allem, was Sie tun, ehrlich sein müssen. Andernfalls könnten Sie die Dinge am Ende noch mehr ruinieren.

Sie können einen Fehler, den Sie aus Unwissenheit begangen haben, zugeben, wenn Sie unter Freunden sind. Zum Beispiel: „Bitte entschuldige, ich hatte es eilig und dachte, deine Hausschuhe würden mir passen, aber am Ende habe ich sie kaputt gemacht." Dieser Freund hat vielleicht schon gewusst, was Sie getan haben, und hat darauf gewartet, dass Sie es ihm sagen. Hätten Sie Ihr Fehlverhalten jedoch geleugnet, hätte Sie das als lügnerischen Feigling dargestellt, und infolgedessen würde man Sie in Zukunft meiden.

Wenn Sie mit einem Team zusammenarbeiten, können Sie sich verletzlich zeigen, indem Sie mitteilen, was Sie als Herausforderung empfinden und um Hilfe bitten, damit alle gewinnen können. Diese Strategie führt dazu, dass sich alle Zuhörer mit ihren eigenen Schwächen wohler fühlen. Sie werden Sie positiv und wahrscheinlich bewundernd wahrnehmen, weil Sie es gewagt haben, Ihre Schwächen zuzugeben. Sie werden anfangen, Ihnen mehr Möglichkeiten und Informationen anzuvertrauen. Wenn Sie Ihre Schwächen zugeben, werden Ihnen andere vielleicht Hilfe, Trost und Unterstützung anbieten. Entscheiden Sie sich dafür, Ihre Schwächen anzunehmen und darüber zu sprechen, anstatt sie vor anderen zu verbergen; schließlich hören wir nie auf, uns zu verbessern.

### Vermeiden Sie es, aufdringlich zu sein

Die meisten Menschen haben bereits eine Menge um die Ohren, und Sie sollten nicht noch mehr dazu beitragen. Nicht aufdringlich zu sein ist eine schwierige Eigenschaft, aber es ist machbar. Flexibel zu sein bedeutet auch, nicht aufdringlich zu sein. Sie werden auf Menschen oder Situationen stoßen, die sich dem widersetzen, was Sie tolerieren können, aber versuchen Sie in solchen Fällen, Kompromisse zu schließen. Wenn Sie harte Entscheidungen treffen, führt das oft dazu, dass nur einige Ihre Präferenzen annehmen.

Ein Beispiel: Sie lernen einen neuen Freund kennen, der gerne tanzt und in Vergnügungsparks geht, aber Sie möchten lieber die Ruhe in Ihrer Umgebung genießen, als an einen lauten, fröhlichen Ort zu gehen. Wenn Sie jetzt an Ihren Vorlieben festhalten, wird Ihr neuer Freund Sie nicht mögen, aber Sie können seine Gunst gewinnen, wenn Sie sich ein wenig an seine Vorlieben anpassen.

Das bedeutet nicht, dass Sie aufgeben sollten, was Sie glücklich macht! Finden Sie vielmehr ein Gleichgewicht zwischen dem, was Sie wollen, und der Anpassung an die Vorlieben anderer Menschen. Sie können Ihren neuen Freunden sagen, was Sie von lauten Orten halten, und ihnen sagen, dass Sie wegen ihnen bereit sind, es zu probieren. Wenn Sie penetrant und verklemmt sind, werden Ihnen die Leute davonlaufen, denn entweder müssen sie Sie akzeptieren oder Sie verlassen.

### Verbessern Sie Ihre Laune

Es ist schwierig, Ihre Stimmung zu verbessern, wenn Sie schwierige Zeiten durchmachen. Vielleicht haben Sie in Ihrem Leben viel um die Ohren und müssen darüber nachdenken. Welche guten Gründe Sie auch immer dafür haben mögen, dass Sie introvertiert und von Ihren Gefühlen gefangen sind, es wäre egoistisch von Ihnen, sie anderen aufzudrängen. Es wäre ermüdend, wenn Sie mit Kollegen zusammen wären und nur über Ihre Probleme nachdenken und diskutieren würden!

Jeder hat Probleme, aber wenn Sie in der Lage sind, diese Probleme beiseite zu schieben und sich auf die Gegenwart zu konzentrieren, werden die Menschen Sie mögen. Sympathische Menschen gehen selbstlos mit ihren Emotionen um; sie wissen, wann sie ihre Gefühle in den Hintergrund stellen müssen. Angenehme Menschen sind immer fröhlich, und ihr Lächeln erhellt die Umgebung. Suchen Sie nach Erledigung Ihrer Aufgaben Trost bei Ihren Freunden, die Ihre Gefühle verstehen und Ihnen bei der Suche nach einer Lösung behilflich sein werden.

### Lachen Sie so oft wie möglich

Haben Sie sich jemals gefragt, warum manche Menschen einen Raum betreten und sofort Dinge sagen oder tun, die alle zum Lachen bringen? Menschen sehnen sich nach Freude und fühlen sich zu jedem hingezogen, der sie leicht zum Lachen bringen kann. Sympathische Menschen haben eine unbekümmerte Grundhaltung zum Leben.

Sie sind vielleicht nicht der Typ, der Witze macht, was auch in Ordnung ist, aber Sie können offener für Humor werden. Seien Sie die Person, die einen Witz als das erkennt, was er ist und darüber lacht. Personen, die Ihnen nahestehen oder solche, die Sie nicht gut kennen, bevorzugen eine unbekümmerte Person, die leicht lächeln und lachen kann. Nicht jede Äußerung oder jeder Witz ist als Beleidigung gedacht, und wenn Sie sich an dem stören, was die Leute um Sie herum sagen, kann das dazu führen, dass sie Sie meiden. Setzen Sie ein fröhliches Gesicht auf und machen Sie es den Leuten leicht, auf Sie zuzugehen.

## Sie können nicht alles wissen - und je eher Sie es zugeben, desto besser

Werden Sie nicht zum Besserwisser. Diese Menschen gibt es am Arbeitsplatz, in der Schule, in der Familie, im Freundeskreis und überall sonst. Wenn Sie ein Besserwisser sind, wird man Sie höchstwahrscheinlich meiden. Die Menschen gehen davon aus, dass sie alles wissen, möglicherweise weil ihnen in ihren ersten Lebensjahren keine Unterstützung angeboten wurde, so dass sie gezwungen waren, alles zu lernen, was sie zum Überleben brauchen. Aber die sozialen Folgen sind schmerzhaft. Wenn Sie also diese Neigung haben, sollten Sie an sich arbeiten, um entgegenkommender zu werden.

Diese Gruppe glaubt fälschlicherweise, dass sie zu viel Zeit und Geld in ihre Fähigkeiten investiert hat und sich nicht irren kann. Sie wollen, dass jeder glaubt, dass das, was sie sagen, das Optimum ist. Diese Grundhaltung ist unattraktiv und wird dazu führen, dass man Sie nicht mag. Der Charakterzug der Besserwisserei ist bei Führungskräften in verschiedenen Positionen weit verbreitet, die jedem ihre Meinung aufzwingen wollen. Sie können aber auch entgegenkommender sein, um die Gunst der Menschen zu gewinnen.

### Kümmern Sie sich aufrichtig um andere

Es kann schwierig sein, eine fürsorgliche Seite zu entwickeln, besonders wenn Sie das Gefühl haben, dass Ihre Bemühungen wahrgenommen werden müssen. Wir leben in einer Zeit, in der die meisten Menschen glauben, dass die Welt und alles in ihr ihnen etwas schuldig ist. Wenn Sie gemocht werden wollen, müssen Sie manchmal Ihre Interessen und Ziele zurückstellen, um anderen bei der Lösung ihrer Probleme zu helfen. Es erfordert ein erhebliches Maß an Arbeit, sich um andere zu kümmern.

Um andere glücklich zu machen, müssen Sie wertvolle Ressourcen wie Zeit oder Geld opfern. Um Schuldgefühle wegen Ihrer guten Tat zu vermeiden, helfen Sie nur und erwarten Sie keine Gegenleistung. Die Menschen werden Sie mehr mögen, wenn sie merken, dass Ihre Hilfe nicht durch Eigeninteresse motiviert ist.

Wenn Sie anderen Menschen helfen und dafür eine Gegenleistung erwarten, werden Ihre Chancen, gemocht zu werden, entweder zunichtegemacht oder die Bewunderung wird vorgetäuscht. Es ist ein häufiger Trend in den sozialen Medien, dass beliebte Personen Geschenke verteilen, aber wenig oder gar keine Hilfe erhalten, wenn sie in Not sind. Man fragt sich, was aus all der Online-Liebe geworden ist, die stets so offensichtlich war, wenn es ein Geschenk zu verteilen gab. Menschen können ihre Gefühle vortäuschen, um weiterhin etwas von Ihnen zu erhalten. Um dies zu überwinden und mehr Anhänger zu gewinnen, sollten Sie sich ohne Erwartungen um andere kümmern.

### Seien Sie ein guter Zuhörer

Wenn Sie viel Interessantes zu sagen haben, ist es verlockend, das Gespräch zu beherrschen. Das ist gut und schön, aber Sie sollten eine Pause einlegen, damit andere etwas beitragen können. Wenn Sie anderen die Möglichkeit geben, sich einzubringen, wird man Sie mehr mögen.

Kommunikation ist eine zweiseitige Angelegenheit, bei der eine Person spricht und die andere zuhört. Wenn Sie abgelenkt sind, während jemand mit Ihnen spricht, werden Sie keine neuen Freundschaften oder Bekanntschaften gewinnen. Selbst wenn Sie nicht gerne viel reden, können Sie das zuhörende Ohr sein, das andere ermutigt, ihr Herz auszuschütten, solange diese wissen, dass Sie zuhören und antworten werden. Die Menschen werden Sie mehr mögen, wenn Sie sich ihre Meinung anhören und weniger voreingenommen sind. Wenn Sie derjenige sind, der spricht, versuchen Sie, anderen Raum zu geben, um zu antworten und ihre Gedanken mitzuteilen.

### Opfern Sie Ihre Zeit

Bescheidenheit und Zurückhaltung können Ihnen viele Türen öffnen, aber knüpfen Sie keine Bedingungen daran. Es ist ganz natürlich, jemanden zu bewundern, der sich Mühe gibt, anderen zu helfen, auch wenn er es nicht muss. Menschen, die manipulativ sind und vermeintlich geben, ohne eine Gegenleistung zu erwarten, zeigen bald ihr wahres Gesicht, wenn sie einen Weg finden, all die Gefallen, die Sie erhalten haben, zurückzahlen zu müssen. Die Menschen werden Sie mehr mögen, wenn Sie aufrichtig sind und Ihre Zeit opfern. Wenn Sie mehr Zeit mit Menschen verbringen, entsteht Vertrautheit - und Menschen mögen Menschen, mit denen sie vertraut sind.

### Seien Sie freimütig

In einem sozialen Umfeld müssen Sie sich klar ausdrücken. Erwarten Sie nicht, dass jemand Ihre Gedanken liest und Ihre Absichten errät. Sprechen Sie so viel wie nötig, wenn Sie Ihre Gefühle und Argumente mitteilen wollen. Als Geschäftsinhaber müssen Sie immer Klartext reden, damit Ihre Kunden Sie verstehen und fundierte Entscheidungen treffen können. Viel zu reden ist eine starke Eigenschaft, die Sie bei Bedarf einsetzen sollten. Vermeiden Sie es, eine geschwätzige Person zu sein, die Unterhaltungen unterbricht. Lassen Sie sich nie eine Gelegenheit entgehen, sich zu äußern, egal wie unbedeutend Sie glauben, dass die Auswirkungen sein werden. Ihre Rede könnte die Lösung sein, auf die jemand gewartet hat, und Ihnen mehr Gunst verschaffen.

### Stellen Sie Fragen

Die Menschen werden Sie mehr mögen, wenn Sie ihnen die Freiheit geben, Ihnen alles zu sagen, was sie wissen. Indem Sie Ihrem Gesprächspartner erlauben, Ihnen zu helfen, geben Sie ihm das Gefühl, wichtig zu sein und erhöhen die Wahrscheinlichkeit, dass er Sie mag. Menschen werden sich schneller mit Ihnen anfreunden, wenn Sie ihnen erlauben, ihr Wissen zu teilen.

### Spiegeln Sie die andere Person

Das Spiegeln hat schon vielen Menschen geholfen, Spannungen zwischen Fremden abzubauen. Diese Strategie besteht darin, die Mimik, Gestik und Körpersprache der anderen Person zu imitieren. Seien Sie aufmerksam und nehmen Sie diese Details innerhalb der ersten Minuten Ihres Gesprächs auf und spielen Sie sie dann nach. Indem Sie das Verhalten anderer nachahmen, können Sie sich schneller beliebt machen.

### Machen Sie anderen ein Kompliment

Wenn Sie anderen ein Kompliment machen, kostet Sie das nichts. *Ihre Haare sehen toll aus* oder *Sie haben ein wunderschönes Lächeln* können viel dazu beitragen, dass man Sie mag. Menschen, denen Sie ein Kompliment machen, werden unbewusst beginnen, diese Eigenschaften in Ihnen zu sehen, auch wenn Sie sie nicht haben. Wenn Sie nette Dinge über andere sagen, werden diese anfangen, nette Dinge über Sie zu denken. Versuchen Sie, sparsam damit umzugehen. Wichtig ist, dass Sie es maßvoll und aufrichtig tun.

### Strahlen Sie Positivität aus

Wenn Sie ständig wütend und unglücklich sind, könnten alle um Sie herum unglücklich werden. Schlechte Laune verbreitet sich wie ein Lauffeuer. Positive Energie hingegen strahlt aus, und die Menschen werden Ihre Gesellschaft genießen. Verbreiten Sie positive Schwingungen, um sich sympathisch zu machen. Betrachten Sie das Leben immer von der positiven Seite und suchen Sie nach Gründen, um zufrieden zu sein. Sorgen haben noch nie ein Problem gelöst.

## Seien Sie ein kompetenter und herzlicher Mensch

Die Menschen werden Sie eher mögen, wenn Sie am Arbeitsplatz oder bei anderen gesellschaftlichen Anlässen freundlich und nicht konkurrierend sind. Niemand mag Dramen, deshalb fühlen sich die Menschen zu warmherzigen und einladenden Menschen hingezogen. Man wird Sie mehr mögen und respektieren, wenn Sie freundlich sind und einen hohen Bildungs- oder wirtschaftlichen Status haben. Es wäre hilfreich, wenn Sie die Menschen kennenlernen würden, bevor Sie Ihr Fachwissen unter Beweis stellen. Dieser Punkt ist vor allem im Geschäftsleben von Bedeutung, wo Wettbewerb unvermeidlich ist. Wenn Sie sich zuerst mit Ihren Qualifikationen brüsten, kann das einige Leute abschrecken oder sie einschüchtern, so dass es für sie schwierig wird, mit Ihnen in Kontakt zu treten.

## Betonen Sie die gemeinsamen Werte

Sie werden gemocht, wenn man sich mit dem, wofür Sie stehen, identifizieren kann. Wer ähnliche Werte hat, wird eher gemocht als jemand, der sie nicht hat. Diese Eigenschaft wird vor allem von Menschen genutzt, die um Gunst oder öffentliche Akzeptanz bemüht sind. Sie werden Geschichten darüber hören, wie sie in einer ähnlichen Gegend wie Sie gelebt und das Leben auf die gleiche Weise erlebt haben wie Sie, damit Sie sie kennen und mögen. Obwohl manche Menschen diese Taktik böswillig anwenden, können Sie sie nutzen, um von den Gemeinsamkeiten zu profitieren, die Sie mit anderen teilen.

## Teilen Sie ein Geheimnis

Die Menschen werden Sie mehr mögen, wenn Sie verletzlich sind. Wenn Sie ein Geheimnis mit jemandem teilen, hat dieser das Gefühl, ein Teil Ihres Lebens zu sein. Sie können jemandem das Gefühl geben, etwas Besonderes zu sein und Sie zu mögen, wenn Sie sich ihm anvertrauen. Auf diese Weise lernen Sie jemanden schnell kennen, aber geben Sie sensible Informationen nicht zu früh preis, insbesondere wenn Sie der Person nicht vertrauen, dass sie sie nicht weitergibt.

## Seien Sie vertrauenswürdig

Die Bedeutung des Austauschs von Geheimnissen beim Aufbau einer Freundschaft wurde bereits erörtert, aber als Zuhörer werden Sie mehr gemocht, wenn Sie die Ihnen anvertrauten Geheimnisse bewahren können. Vertrauenswürdig zu sein bedeutet, dass Sie loyal, verlässlich und wahrheitsgemäß sind. Die Menschen werden Sie schnell mögen, wenn Sie über diese Eigenschaften verfügen.

### Was Sie vermeiden sollten, damit man Sie mag

Es ist möglich, dass Sie Ihre Mitmenschen ungewollt verärgern. Die nachfolgenden Punkte sollten Sie vermeiden, wenn Sie eine gute Beziehung aufbauen wollen:

### Wenn Sie so tun, als würden Sie jemanden nicht mögen

Es wäre hilfreich, Ihre Körpersprache zu kontrollieren, um nicht die falsche Botschaft zu vermitteln. Niemand wird Sie mögen, wenn Sie so tun, als ob Sie ihn bereits nicht mögen.

### Nicht lächeln

Nur wenige Menschen haben ein freundliches, lächelndes Gesicht, aber Sie werden niemanden dazu bringen, Sie zu mögen, wenn Ihr Gesicht Sie unnahbar erscheinen lässt. Es würde helfen, wenn Sie sich bemühen würden, zu lächeln und einladende Gesten zu machen.

### Sie sind zu nervös

Die Menschen bewundern Selbstvertrauen und Tapferkeit. Man schreibt Nervosität negative Eigenschaften zu, die Sie unsympathisch machen.

### Zu viel Prahlerei

Sie mögen gut sein in dem, was Sie tun, aber versuchen Sie, sich nicht selbst überzubewerten, besonders nicht vor Fremden.

### Sie sind zu nett

Wenn Sie übermäßig nett sind, kann der Eindruck entstehen, dass Sie sich verstellen. Da niemand immer nett ist, verschafft es Ihnen mehr Glaubwürdigkeit, wenn Sie ab und zu Nein sagen.

### Sie verstecken Ihre Emotionen

Man kann Sie nicht mögen, wenn man Sie nicht sieht und Sie nicht verletzlich sind. Wenn Sie allmächtig und autonom erscheinen, macht Sie das nicht sympathisch.

### Nichts über sich selbst sagen, aber versuchen, mehr über eine andere Person zu erfahren

Sie können keine gute Beziehung aufbauen, wenn Sie alles über sich selbst verbergen. Im Gegenzug für all die persönlichen Informationen, die der andere Ihnen gibt, müssen Sie einen kleinen Teil von sich preisgeben.

## Sie teilen schon früh in Ihrer Beziehung tiefe persönliche Informationen

Bevor Sie zu viele Informationen mit jemandem teilen, sollten Sie wissen, wie viel er vertragen kann. Andernfalls riskieren Sie, ihn zu vergraulen.

## Sie wollen immer die Kontrolle haben

Wenn Sie versuchen, alles um sich herum zu kontrollieren, und anderen nicht erlauben, die Verantwortung für etwas zu übernehmen, werden Sie sich nicht beliebt machen. Geben Sie den Menschen eine Chance, Ihnen zu zeigen, was sie tun können.

## Sie regen sich leicht auf

Wenn Sie sich leicht aufregen und reizen lassen, wirken Sie unzugänglich und werden gemieden.

## Sie reden von oben herab

Wer will schon mit jemandem zusammen sein, der nichts Gutes in ihm sieht? Niemand. Anstatt Ihre Mitmenschen zu kritisieren, bleiben Sie positiv und ermutigen Sie sie.

## Sie sind schnell mit Schuldzuweisungen

Wenn Sie die Motivation hinter einer Handlung verstehen, sind Sie weniger voreingenommen. Suchen Sie nach den Ursachen, bevor Sie die Schuld zuweisen.

## Sie sind zu aufrichtig

Ehrlichkeit ist zwar eine Tugend, aber es gibt Zeiten, in denen man besser schweigt, um niemanden zu gefährden.

Entscheidend ist, dass man Sie mag, auch wenn es nicht jedermann ist. Um solide soziale Kontakte zu knüpfen, brauchen Sie eine gesunde Portion Wertschätzung von anderen. Wenn Sie beliebt sind, werden sich Ihnen viele Möglichkeiten bieten.

Versuchen Sie, einen guten ersten Eindruck zu machen, wenn Sie Fremden zum ersten Mal begegnen. Wenn die Leute Sie bei der ersten Begegnung missverstehen, wird es lange dauern, bis sie ihre Meinung über Sie ändern. Achten Sie auf eine angemessene Körpersprache, um Ihre Botschaft zu vermitteln. Es sind die kleinen Dinge, die wir ganz natürlich tun, die uns sympathisch machen. Wie bereits erwähnt, werden die Menschen Sie respektieren, wenn Sie selbstbewusst und kompetent sind, und dieses Buch erklärt, wie Sie dieses Niveau erreichen können.

Charismatisch zu sein bedeutet, dass Sie selbstbewusst Ihre Persönlichkeit zeigen. Wenn Sie sich mit Würde und Courage präsentieren, werden Sie bewundert. Wo immer Sie hingehen, werden Sie viel Aufmerksamkeit auf sich ziehen, und man kann gar nicht anders, als Sie zu mögen. Seien Sie anderen gegenüber weniger voreingenommen und denken Sie daran, dass jeder Mensch in irgendeiner Weise fehlerhaft ist. Stellen Sie die richtigen Fragen und vermeiden Sie es, Grenzen zu überschreiten. Sie werden interessanter und sympathischer wirken, wenn Sie die Tipps in diesem Buch befolgen.

Die folgende Übung wird Ihnen dabei helfen, alles, was Sie in diesem Buch gelernt haben, anzuwenden. Finden Sie die passenden Antworten, um die Lücken zu füllen.

**Nennen Sie fünf Möglichkeiten, wie der erste Eindruck Ihnen hilft, gute soziale Beziehungen aufzubauen.**

1._____________________________________

2._____________________________________

3._____________________________________

4._____________________________________

5._____________________________________

**Nennen Sie drei körpersprachliche Hinweise, die Sie einsetzen sollten, um Ihr Charisma zur Geltung zu bringen.**

1._____________________________________

2._____________________________________

3._____________________________________

**Nennen Sie vier psychologische Tricks, die Sie gelernt haben, um Menschen dazu zu bringen, Sie zu mögen.**

1._____________________________________

2._____________________________________

3._____________________________________

4_____________________________________

**Schreiben Sie auf, wie Sie Ihre Zuhörfähigkeiten verbessern können.**

______________________________________________

Welche Aspekte Ihrer Grundhaltung gegenüber anderen Menschen sollten Sie ändern, um interessanter zu erscheinen?

1._______________________________________________________

2._______________________________________________________

3._______________________________________________________

4._______________________________________________________

5._______________________________________________________

6._______________________________________________________

7._______________________________________________________

8._______________________________________________________

9._______________________________________________________

10.______________________________________________________

Manchmal müssen Sie erst herausfinden, warum Sie jemanden so sehr mögen. Vielleicht hat die Person alle Voraussetzungen erfüllt, um sympathisch zu sein, doch Sie haben es nicht bedacht. Ihre Motivation könnte darin liegen, dass Sie sich in der Gegenwart solcher Menschen wohl fühlen. Jemanden zu mögen ist ein psychologischer Trick, den viele Menschen unwissentlich anwenden. Er ist mit viel Aufwand verbunden, aber er ist es wert. In diesem Kapitel haben wir Ihnen Tipps und Tricks vorgestellt, die Ihnen helfen, bessere Beziehungen aufzubauen.

# Fazit

Ist Ihnen bewusst, wie wichtig es ist, dass Sie gemocht werden? Dieses Buch enthält einen detaillierten Leitfaden und Erklärungen, die Ihnen helfen, Ihr Ziel zu erreichen. Sie müssen bestimmte Verhaltensweisen weiterentwickeln oder an ihnen feilen, wenn Sie sie bereits haben.

Manchmal haben Sie nur ein paar Minuten Zeit, um einen Eindruck bei einem Fremden zu hinterlassen. Ihr erster Eindruck hat einen großen Einfluss auf das Ergebnis des Treffens. Sie können die Atmosphäre positiv gestalten, selbst wenn Ihr Gegenüber Sie nicht willkommen heißt. Wenn man Sie mag, können Sie andere leicht beeinflussen. Die Menschen werden Ihnen gegenüber rücksichtsvoll und einladend sein, weil sie Sie mögen. Fremde werden Ihnen einen Gefallen tun, wenn sie Sie interessant finden.

Üben Sie die in diesem Buch beschriebenen Tipps sorgfältig und wenden Sie sie an. Die Anleitungen sind in einfachen Worten geschrieben und leicht zu verstehen. Studieren und beherrschen Sie die Gesten, die Ihrer Botschaft entsprechen, die Sie vermitteln wollen.

Es ist eine ernste Angelegenheit, Menschen dazu zu bringen, Sie zu mögen, und sollte auch als solche behandelt werden. Machen Sie das Beste aus Ihrem ersten Eindruck, indem Sie Fremden einen Grund geben, Sie wiedersehen zu wollen. Seien Sie derjenige, der einen düsteren Raum mit einem Lächeln oder einem interessanten Gespräch aufhellt, wenn Sie ihn betreten. Sie könnten mit jedem im Raum ein lockeres Gespräch beginnen, um alle aus ihrer düsteren Stimmung zu wecken, bevor Sie sie dann zum Lachen oder Lächeln bringen. Seien Sie eine ansprechbare, einfühlsame und vertrauenswürdige Person, die andere um Rat fragen können.

Menschen bewundern charismatische Menschen. Man kann mit Sicherheit sagen, dass es der einfachste Weg ist, für andere da zu sein, um ihre Gunst zu gewinnen. Tragen Sie so viel wie möglich bei und beteiligen Sie sich an den kleinen Aufgaben, die anstehen. Sie müssen Ihr Selbstvertrauen stärken, damit Sie jedem Ihren Wert vermitteln können, unabhängig von seinem wirtschaftlichen Status.

Gehen Sie nicht davon aus, dass Sie alles wissen; stellen Sie Fragen, wenn Sie sich nicht sicher sind. Fragen zu stellen bedeutet nicht, dass Sie Menschen dazu bringen, sich bis zum Überdruss zu wiederholen. Bitten Sie nur dann um Erläuterungen, wenn es nötig ist, und achten Sie darauf, wenn jemand mit Ihnen spricht.

Eine weitere Eigenschaft, die Sie bei anderen beliebt machen kann, ist Ihre Fähigkeit, zuzuhören. Die Menschen werden glauben, dass Sie sich wirklich für sie interessieren, weil Sie an allem interessiert zu sein scheinen, was sie sagen. Nutzen Sie diese Emotionen zu Ihrem Vorteil. Es mag zunächst den Anschein haben, dass Sie ausschließlich für andere da sind oder dass Sie sich sehr um sie kümmern, aber lassen Sie sich davon nicht entmutigen. Seien Sie freundlich, ohne eine Gegenleistung zu erwarten. Bewahren Sie sich jederzeit absolute Ehrlichkeit.

# Hier ist ein weiteres Buch von Andy Gardner, das Ihnen gefallen könnte

# Literaturhinweise


Kim, L. (2016, November 21). 14 things that will make people like you (heck, even love you). Mission.org. https://medium.com/the-mission/14-things-that-will-make-people-like-you-heck-even-love-you-e0562f5bd72a

Kassel, G., & Jones, A. (2020, April 15). 10 signs you're in an intimate relationship, according to experts. Women's Health. https://www.womenshealthmag.com/sex-and-love/a32007484/intimate-relationship/

Katherine, C. (2022, April 5). Social connectedness and mental health benefits. Bright Futures Psychiatry. https://www.brightfuturespsychiatry.com/social-connectedness-and-mental-health-benefits/

Komer, R. (2021, February 21). Building relational connections. The Center for Family Transformation. https://www.familytransformation.com/2021/02/21/building-relational-connections/

MSD. (2018). Social connectedness and wellbeing - Ministry of Social Development. https://www.msd.govt.nz/about-msd-and-our-work/publications-resources/literature-reviews/social-connectedness-and-wellbeing.html

Komar, M. (2016, June 29). Signs you're making A bad first impression. Bustle. https://www.bustle.com/articles/169879-11-signs-youre-making-a-bad-first-impression-how-to-fix-the-problem

Taylor, R. A. (2022). Making a Great First Impression: The ultimate guide to making a great first impression. Independently Published.

Waggoner, S. C. (1983). First impressions. Child Care Quarterly, 12(4), 247–257. https://doi.org/10.1007/bf01115467

Waters, S. (n.d.). How to make a good first impression: Expert tips and tricks. Betterup.com. https://www.betterup.com/blog/how-to-make-a-good-first-impression

Zenn, J. (2022, September 21). How to make a good first impression: 14 tips to try. HubSpot. https://blog.hubspot.com/marketing/first-impression-tips

10 positive body language techniques to help you succeed. (2021, June 17). Udemy Blog. https://blog.udemy.com/positive-body-language/

Facial expression. (2016, September 30). Facial Palsy UK. https://www.facialpalsy.org.uk/support/patient-guides/facial-expression/

Nonverbal communication: body language and tone of voice. (2020, October 22). Raising Children Network. https://raisingchildren.net.au/toddlers/connecting-communicating/communicating/nonverbal-communication

Positive Body Language - Quick Guide. (n.d.). Tutorialspoint.com. https://www.tutorialspoint.com/positive_body_language/positive_body_language_quick_guide.htm

(N.d.-a). Indeed.com. https://www.indeed.com/career-advice/career-development/body-language-examples

(N.d.-b). Toppr.com. https://www.toppr.com/ask/question/facial-expressions-gestures-eye-contact-nodding-the-head-and-physical-appearances-are-the-form-of/

25 killer actions to boost your self-confidence. (2007, December 10). Zen Habits. https://zenhabits.net/25-killer-actions-to-boost-your-self-confidence/

Khan, S. A. (2020, September 18). Examples of showing respect to others & why it's important? Legacy Business Cultures. https://legacycultures.com/examples-of-showing-respect-to-others-and-its-importance-in-life/

Kloppers, M. (n.d.). 9 clever ways to gain confidence. Mentalhelp.net. https://www.mentalhelp.net/blogs/9-clever-ways-to-gain-confidence/

Notebook, A. (2018, June 28). Three benefits of self-esteem during social interactions. Alison's Notebook - Inspiring The Better You. https://alisonsnotebook.com/why-self-esteem-advantage/

Website, N. H. S. (n.d.). Raising low self-esteem. Nhs.uk. https://www.nhs.uk/mental-health/self-help/tips-and-support/raise-low-self-esteem/

(N.d.). Inc.com. https://www.inc.com/business-insider/how-to-become-more-charasmatic-according-to-psychological-research.html

Brown, J. (2015, June 10). Seven ways to increase your charisma. Entrepreneur. https://www.entrepreneur.com/leadership/ways-to-increase-your-charisma/247075

McKay, K. (2021, November 28). The three elements of charisma: Presence. The Art of Manliness; Art of Manliness. https://www.artofmanliness.com/people/social-skills/the-3-elements-of-charisma-presence/

Business Insider. (2019, March 1). Here are 16 psychological tricks to immediately make people like you more. ScienceAlert. https://www.sciencealert.com/here-are-16-psychological-tricks-to-immediately-make-people-like-you-more

Cherry, K. (2005, November 4). Psychological Persuasion Techniques. Verywell Mind. https://www.verywellmind.com/how-to-become-a-master-of-persuasion-2795901

Clerke, A. S., & Heerey, E. A. (2021). The influence of similarity and mimicry on decisions to trust. Collabra. Psychology, 7(1), 23441. https://doi.org/10.1525/collabra.23441

Cuddy, A. J. C., Kohut, M., & Neffinger, J. (2013). Connect, then lead. Harvard Business Review, 91(7–8), 54–61, 132. https://hbr.org/2013/07/connect-then-lead

Buggy, P. (2017, August 11). Non-Judgment: What is it? And Why Does it Matter? (4 Benefits). Mindful Ambition. https://mindfulambition.net/non-judgment/

Harris, D. W. (2022, March 31). The art of listening in six simple steps. Canadian Mental Health Association. https://www.mentalhealthweek.ca/the-art-of-listening-in-six-steps/

Sutton, J. (2016, July 21). Active listening: The art of empathetic conversation. Positivepsychology.com. https://positivepsychology.com/active-listening/

The fine art of listening can transform the quality of your communication and relationships. (n.d.). Mentalhelp.net. https://www.mentalhelp.net/relationships/listening/

03-26-, U. (2016, March 26). Ten tips for asking good questions. Dummies. https://www.dummies.com/article/business-careers-money/careers/job-searches/ten-tips-for-asking-good-questions-172698/

Dahl, M. (2017, June 14). People will like you more if you ask them questions. The Cut. https://www.thecut.com/2017/06/people-will-like-you-more-if-you-ask-them-questions.html

Hsieh, C., Andrews, T., & Varina, R. (2019, November 20). 100 questions that'll help you *really* get to know someone. Cosmopolitan. https://www.cosmopolitan.com/sex-love/a29774929/questions-to-get-to-know-someone/

Martel, M. (2013, June 5). How to be amazingly good at asking questions. Lifehack. https://www.lifehack.org/articles/communication/how-amazingly-good-asking-questions.html

Musselwhite, C., & Plouffe, T. (2012, November 12). To have the most impact, ask the right questions. Harvard Business Review. https://hbr.org/2012/11/to-have-the-most-impact-ask-qu

Scuderi, R. (2013, April 10). 11 tips to help improve your active listening skills. Lifehack. https://www.lifehack.org/articles/communication/active-listening-a-skill-that-everyone-should-master.html

Corporativa, I. (2021, April 22). Personal development: unleash your full potential and achieve your goals. Iberdrola. https://www.iberdrola.com/talent/personal-development-tips

Cuncic, A. (2013, August 30). How to be a better storyteller when you are socially anxious. Verywell Mind. https://www.verywellmind.com/how-to-be-a-better-storyteller-3024850

Cuncic, A. (2022, August 31). How to be more interesting. Verywell Mind. https://www.verywellmind.com/how-to-be-more-interesting-6455914

Latumahina, D. (2007, November 14). 4 reasons why curiosity is important and how to develop it. Lifehack. https://www.lifehack.org/articles/productivity/4-reasons-why-curiosity-is-important-and-how-to-develop-it.html

(N.d.-a). Inc.com. https://www.inc.com/travis-bradberry/8-habits-of-incredibly-interesting-people.html

(N.d.-b). Indeed.com. https://www.indeed.com/career-advice/career-development/learn-new-skills

Brandon, J. (2014, May 29). 10 simple ways to make people like you more. Time. https://time.com/135945/make-people-like-you/

Lebowitz, S. (2020, October 19). 15 psychological tricks to make people like you immediately. Independent. https://www.independent.co.uk/life-style/sixteen-psychological-tricks-people-like-you-a7967861.html

Perry, E. (n.d.). How to make people like you: 10 tips to make new friends. Betterup.com. https://www.betterup.com/blog/how-to-make-people-like-you

Lebowitz, S. (2019, March 21). 14 things you're doing that make people instantly dislike you. Business Insider. https://africa.businessinsider.com/strategy/14-things-youre-doing-that-make-people-instantly-dislike-you/rp4xfnf#article

Dawson, K. (2021, February 18). 10 dos and don'ts of starting a new relationship. Brides. https://www.brides.com/starting-a-new-relationship-5105367

Davenport, B. (2021, August 11). Wondering „why don't people like me?" 21 reasons and solutions. Live Bold and Bloom; Barrie Davenport. https://liveboldandbloom.com/08/self-awareness/why-people-dont-like-me

www.ingramcontent.com/pod-product-compliance
Lightning Source LLC
Chambersburg PA
CBHW061650250726

48659CB00004B/1437